청소년을 위한 게임 인문학 수업

나는 게임한다 고로 존재한다

이동은 지음

|주|자음과모음

게임에 빠진 여러분에게

여러분, 게임 참 좋아하시죠?

저도 여러분 못지않게 게임을 좋아합니다. 선물로 받은 〈팩맨〉을 하느라 잠을 못 이루던 초등학교 시절을 떠올리면 입가에 미소가 번집니다. 친구들과 오락실에서 〈스페이스 인베이더〉를 하느라 학원 가는 것도 잊고, 〈슈퍼 마리오 브라더스〉를 하면서 세상에서 가장 재미있는 점프를 경험했습니다. 어른이 된 지금은 〈월드 오브 워크래프트〉를 하면서 다시 한번 아버지라는 존재에 대해 생각해 보기도 했고 〈저니〉와 〈디트로이트 : 비컴 휴먼〉을 하면서는 꽤 오랜 시간 인간 존재에 대해 생각해 볼 기회를 얻기도 했습니다. 자투리 시간에 하는 〈비쥬얼드〉〈애니팡〉에서는 손맛과 속이 확 터지는 듯한 희열을 맛보기도 했고 〈마인크래프트〉〈모여봐요 동물의 숲〉〈세컨드 라이프〉를 하면서 현실에서와는 다른 모습으로 살아 본 경험을 만끽하기도 했습니다.

수많은 게임에서 얻은 경험이 결코 헛되지 않다고 생각하기에 항상 게임을 긍정적으로 바라보고 옹호했습니다. 그랬기에 제 아들에게도 당당히 게임을 소개할 수 있었고 함께 즐기기도 했습니다. 심지어 처음으로 피시방에 데리고 간 사람도 저였습니다. 아들도 저처럼 게임을 통해서 삶의 단면을 발견하고, 소통하는 법을 배우고, 게임을 미학적으로 바라봐 주길 바랐습니다. 하지만 그 마음은 오래가지 않았습니다. 학업에 매진해야 하는 시기를 맞은 아이가 게임에 빠져 있자 결국 제 입에서도 "이제 그만!"이라는 말이 나왔습니다. 집에 있던 게임기들을 정리해 창고에 집어넣고, 그것으로도 부족해 게임 영상을 보는 아이를 다그치기도 했습니다. 이제 게임은 아이의 공부 시간을 갉아먹고 정신을 혼란스럽게 하는 '나쁜 것'이 되어 버렸습니다.

최근에는 게임을 알코올, 마약, 도박과 같이 법적으로 관리하고 치료해야 한다는 '게임 중독법'이 발의되었습니다. WHO^{World Health Organization}에서도 게임 중독을 본격적으로 언급하고 있습니다. 저는 분명 게임 중독이 존재한다고 생각합니다. 게임 때문에 일상적인 생활을 할 수 없는 사람들이 있기 때문입니다. 게임 때문에 치료가 필요한 사람도 있습니다. 하지만 이 문제를 모든 플레이어^{Player}에게 똑같이 적용할 수는 없습니다.

게임 중독은 일반적으로 우리가 게임을 즐기는 것과는 비교할 수 없는 정도입니다. '울트라캡숑짱' 몰입하여 행동 조절 능력을 잃고, 대인 관계에 심각한 문제가 생기는 정도를 말합니다. 게임을 하고 싶다는 생각 때문에 다른 생활을 할 수 없는 심각한 상태가 최소 12개월 이상 지속되어야 합니다. WHO는 게임 중독을 게임 사용장애^{Gaming Disorder}라는 질병으로 분류했습니다. 마약이나 알코올 중독의 경우를 떠올려 보면 게임 중독이 얼마나 심각한 수준까지 진행되어야 게임사용장애로 분류되는지 이해할 수 있을 것입니다.

당연히 대부분의 청소년이 이렇게 심각한 상태가 될 때까지 게임을 하지 않습니다. 그리고 부모님도 실은 자신의 아이들이 그렇지 않다는 것을 잘 알고 있습니다. 오히려 다른 사람이 자신의 아이에게 "게임 중독자 같아요"라고 하면 "게임 좀 좋아한다고, 게임 좀 한다고 모두 중독자인가요?"라고 화를 내며 적극적으로 자녀를 옹호할 것입니다.

그런데도 부모님은 왜 게임하는 우리를 못마땅하게 생각하시는 걸까요? 게임은 정말 나쁘기만 할까요? 게임은 사회악이고 비생산

적이고 무가치한가요? 사실 부모님만 게임에 대해 부정적으로 생각하는 것은 아닙니다. 우리 청소년들도 게임의 긍정적이고 의미 있는 측면을 간과합니다. 자신의 게임 플레이^{Play} 경험을 비하하고 플레이하는 스스로를 게임이나 하는 '루저^{Loser}'라고 폄훼하기도 합니다.

생각이 여기까지 미치자 이 안타까운 상황을 그냥 지켜봐서는 안 된다는 생각이 들었습니다. 게임을 부정적으로 바라보는 사회적 분위기와는 별개로 사실상 게임은 이미 청소년의 대표 문화로 자리 잡았습니다. 그럼에도 불구하고 많은 사람들이 여전히 게임이 청소년에게 어떤 의미인지 생각해 보지 않습니다. 그것은 게임을 즐기는 여러분이나 게임을 막는 부모님이나 마찬가지입니다. 모두에게 책임이 있습니다. 우리 모두는 게임의 정체가 무엇인지 깊이 생각해 보지 않은 채 팽팽한 줄다리기를 하고 있을 뿐입니다.

게임은 쏘고 맞히고 때려 부수는 단순한 행동만 하지 않습니다. 타격과 피격에서 오는 통쾌함과 만족감만이 게임의 전부는 아닙니다. 게임이 주는 생각의 기회와 인생의 묘미는 단순한 플레이만으로는 얻을 수 없습니다.

아는 만큼 보인다고 했던가요? 게임 역시 이를 통해 얻을 수 있는 수많은 의미를 공부해 본다면 즐거운 놀잇감 이상의 무언가를 발견할 수 있을 것입니다. 게임을 한다는 것은 게임 세계에 숨겨진 규칙과 질서를 발견해 나가는 학습의 과정이고, 게임에서 죽는다는 것은 실패의 두려움을 이겨 내고 다시 도전하는 기회를 얻었다는 의미가 있습니다. 게임을 통해 우리는 몬스터를 물리치며 미지의 세계에 대한 두려움을 극복하고 나의 세계를 확장해 볼 수 있습니다. 영웅이 되어 나만의 세계를 만드는 것이 어떤 의미인지 경험해 볼 수도 있습니다. 게임에 몰입해 본 플레이어는 자신의 현재 스킬을 냉정하게 평가할 줄 알게 되고, 주어진 상황을 극복하는 방법을 익힙니다. 이쯤 되면 게임이 단순한 유희적 활동은 아니라는 생각이 들지 않나요?

현실에서는 이중, 삼중의 정체성을 가지고 있다면 치료를 받아야 하지만 게임 세계에서는 자신의 다양한 정체성을 실험해 볼 수도 있습니다. 또한 이를 통해 진짜 자신이 어떤 사람인지 발견할 수도 있습니다. 게임 세계의 주인공으로 플레이를 진행하기 때문에 자신의 세상을 건설하는 법을 미리 경험할 수도 있습니다. 게임은 우리가 살아가는 세상에 대한 새로운 관점을 만들어 주기도 합니다.

이러한 기회와 통찰은 거저 얻어지는 것이 아닙니다. 그것은 게임을 통해 이면에 숨겨진 인문학적인 성찰을 해 본 사람만이 가질 수 있는 가치입니다. 많은 청소년들이 게임을 공부해 보면 좋겠습니다. 이는 게임의 진짜 정체를 밝히고 게임을 하는 자신을 이해하는 데 도움이 될 것입니다. 뿐만 아니라 미래를 설계하는 데도 지침이 될 수 있을 것입니다. 부디 이 책을 읽으며 게임의 노예가 아니라, 게임의 진정한 주인이 되기를 바랍니다.

이동은

1

웰컴 투 더 게임 월드!

놀이하는 인간, 호모 루덴스

　게임은 왜 재미있을까요? 영어 단어를 외우고 수학 문제를 푸는 시간은 참 더디게 갑니다. 하지만 게임은 유독 다르죠. 게임하는 동안 시간은 정말 쏜살같이 지납니다. 도대체 게임에 어떤 매력이 있기에 우리의 정신을 쏙 빼놓는 걸까요?

　네덜란드의 문화인류학자 요한 하위징아 Johan Huizinga는 '인간은 본질적으로 노는 것을 좋아하고 즐기고 싶어 하는 종족'이라고 말합니다. 세상에! 우리가 태생적으로 놀고 싶어 하는 존재라니. 이 얼마나 감사한 말인가요. 놀고 싶은 마음이 생기는 것은 나만의 문제가 아니라 인간이라는 우리 모두의 문제라고 하니 참 다행입니다. 놀이는 인간의 본성이고 자연스러운 욕구라는 사실은 저명한 학자의 말이니 왠지 모르게 죄책감이 덜어지는 것 같습니다.

심지어 하위징아는 놀이하는 인간을 호모 루덴스^{Homo ludens}라는 학명으로 지칭하기도 했습니다. '호모'는 인간을 뜻하는 말 앞에 붙는 단어입니다. 지구상에 인류가 처음 태어난 300~500만 년 전부터 오늘날 현생 인류가 등장하기까지 인간이 진화하면서 드러나는 핵심적인 특징을 나타내는 말로 사용합니다. '생각하는 인간'을 뜻하는 호모 사피엔스^{Homo sapiens}나 '무엇인가를 만드는 인간'을 뜻하는 호모 파베르^{Homo faber}처럼 인간을 인간답게 만드는 특성 가운데 하나로 놀이와 유희를 꼽아 호모 루덴스라고 붙인 것은 게임을 공부하는 우리에게 매우 의미 있는 일입니다.

심지어 그는 이 학명을 제목으로 삼은 책도 발표했습니다. 이 책에서는 역사적인 관점에서 놀이의 정체를 파헤치고 고대부터 인간이 행한 놀이의 양태를 분석해서 인류 문화가 놀이에 근간하고 있음을 밝히고 있습니다. 매년 서울대학교 필독서에도 추천되는 것을 보면, 놀이는 의미 있는 활동임에 틀림없어 보입니다.

놀이하다 VS 게임하다

하위징아의 말처럼 놀이는 인간의 본능적인 활동입니다. 그렇기 때문에 시대를 막론하고 모든 문화 형태에서 놀이의 흔적을 발

견할 수 있어요. 사회를 이루고 살아가는 인간의 모습 자체가 사실
은 놀이의 형식과 맞닿아 있습니다. 그림, 음악, 예술 등에도 놀이
의 성격을 찾아볼 수 있습니다. 하위징아는 이 책에서 놀이는 새로
운 것을 만들어 내는 창조의 원동력이 된다고도 말합니다. 사람들
은 놀이를 하고 놀이를 즐기면서, 또 새로운 놀이를 만들어 내면서
자신들의 문화와 문명을 발전시키고 지속한다고 주장합니다.

  물론 그가 말한 놀이가 가리키는 것은 우리가 공부할 게임보다
는 훨씬 범위가 넓습니다. 놀이라는 말은 게임을 포함하는 보다 넓
은 의미이기 때문입니다. 예를 들어 강아지 두 마리가 풀밭에서 뛰
어노는 모습을 보고 우리는 '잘 놀고 있다'고 표현하지 '게임을 하
고 있다'고 표현하지는 않습니다. 강아지 두 마리의 뜀박질을 게임
으로 만들려면 어떻게 해야 할까요? 맞아요, 경주처럼 만들면 됩

니다. 출발점과 결승점을 정해 놓고 동시에 출발해서 먼저 결승선에 들어오는 강아지가 이긴다는 규칙을 정해 주면 놀이는 바로 게임이 됩니다. 거기에 엄청나게 맛난 개껌을 선물로 주는 등 보상이 더해지면 승부욕이 더 활활 타오르겠죠? 노래방에서 노래를 부르는 놀이, 영화를 감상하는 놀이, 친구들과 산책하며 수다 떠는 놀이도 모두 게임으로 만들 수 있습니다. 놀이가 게임보다 넓은 의미로 쓰인다는 말을 이해하시겠죠?

게임을 게임답게 만들다

게임을 게임답게 만드는 요소는 무엇일까요? 『호모 루덴스』(요한 하위징아 지음, 이종인 옮김, 연암서가)에서 하위징아가 말한 놀이의 정의로 그 첫걸음을 시작해 보겠습니다.

놀이는 의식적으로 '일상적인' 삶의 바깥에 '심각하지 않은' 것으로 존재하면서 동시에 플레이어를 강하게 그리고 완전히 몰입시키는 자유로운 활동이다. 그것은 어떤 물질적 이익과도 관련이 없으며 그것을 통해 돈을 벌수도 없다. 그것은 정해진 규칙에 따라 질서 있게 자신의 시간과 공간의 경계 안에서 진행된다. 그것은 사회적 모임의 형성을 촉진하는데 그들은 스스로를 비밀주의로 감싸고 위장함으로써 일반 사람들과는 다른 점을 강조한다.

하위징아는 디지털 게임이 등장하기 전에 이 글을 썼습니다. 그렇기 때문에 오늘날의 놀이 문화를 대표하는 게임을 염두에 두고 정의를 내릴 수는 없었겠죠. 그럼에도 불구하고 '놀이' 자리에 '게임'을 집어넣어도 대략적으로 의미가 통한다는 것을 알 수 있습니다. 물론 완벽하게 들어맞는 정의는 아닙니다. 특히 두 번째 문장은 수긍하기 어려운 점이 있습니다.

그것은 어떤 물질적인 이익과도 관련이 없으며 그것을 통해 돈을 벌 수도 없다.

오늘날 게임을 생각하면 이 문장은 맞지 않습니다. 게임을 통해 돈을 버는 사람이 다수 등장했기 때문이죠. 예를 들어 대한민국의 프로 게이머 페이커는 롤LOL 세계 최강자로 고액의 연봉을 받습니다. 게임 플레이를 중계하면서 돈을 버는 크리에이터Creator도 늘어나고 있는 추세입니다. 취미로 게임하는 일반인도 게임 아이템이나 캐릭터를 판매하여 수익을 창출하는 일은 꽤 오래전부터 활발히 일어나고 있습니다. 최근에는 게임에서 쓰이는 가상 화폐를 환전해서 온라인 스토어에서 다양한 물건을 살 수 있게 연동한다거나 현실의 재화로 환전해 주는 경우도 생겼습니다. 게임과 현실의 장벽이 무너지고 게임 플레이를 통한 노동이 인정을 받으면서 가상 경제가 실물 경제와 교환되는 놀라운 일들이 벌어지고 있습니다.

경제적인 부분을 제외한 나머지는 오늘날 디지털 게임을 정의하는 데도 충분히 활용할 수 있습니다. 그렇다면 어떤 특징을 뽑아낼 수 있을까요? 게임이 일상적인 삶의 바깥에 존재한다는 것은 게임의 '비일상성'을 의미합니다. 심각하지 않은 것으로 존재하며 자유로운 활동을 추구한다는 것은 게임의 '유희성'과 '자발성'에 대한 강조라고 할 수 있습니다. 그 밖에도 플레이어를 강력하게 그리고 완전히 빠져들게 하는 '몰입성', 스스로를 위장하는 '역할놀이', 사회적 모임을 형성하는 '집단성'이라는 특성이 있습니다.

이러한 게임의 특징을 하위징아는 매직서클Magic Circle이라는 한 단어로 개념화합니다. 매직서클은 게임이 현실과는 다른 시간과 공간의 경계에서 정해진 규칙과 질서의 지배를 받으며 플레이된다는 특징을 잘 드러내는 상징적이고 은유적인 표현입니다.

게임만의 특별한 여섯 가지

게임의 첫 번째 특성으로 꼽히는 비일상성은 게임이 현실의 영역 밖에서 진행된다는 것을 뜻합니다. 현실과는 다른 시간과 공간에서 진행되죠. 이것이 의미하는 바는 무엇일까요?

현실과는 완전히 다른 세상

일상은 우리가 살아가는 매일매일을 말합니다. 아침에 일어나서 밥을 먹고 학교와 학원에 가고 친구와 수다를 떨거나 축구를 하면서 어제와 비슷한 오늘을 보내죠. 학생이든 직장인이든 어제와 비슷한 하루를 반복합니다. 이런 일상에서 벗어나 특별함을 추구하는 것이 게임입니다. 게임 세계는 현실과는 다른 모습으로 창조되고, 우리는 그 차별화된 세계를 경험하기 위해 게임 세상으로 탐험을 떠납니다.

〈플레이어언노운스 배틀그라운드Playerunknown's Battlegrounds〉 해 본 적 있나요? 흔히 '배그'라고 불리며 한 번도 안 해 본 사람은 있어도 한 번만 해 본 사람은 없다는 게임입니다. 게임이 시작되면 군용 헬기를 타고 외딴섬으로 낙하합니다. 낯선 섬을 둘러볼 여유도 없이 플레이어는 섬 곳곳에 숨겨진 다양한 무기와 장치 등을 모으고 최후의 생존자가 되기 위해 전투를 벌여야 합니다. 플레이 내내 긴장감이 최고조에 이르기도 합니다. 제3차 세계대전이 일어나지 않는 이상 우리는 이런 전투를 겪을 가능성이 없습니다. 현실에서는 일어날 확률이 낮은 전쟁을 게임을 통해 경험해 보는 것이죠.

닌텐도가 제작한 〈모여봐요 동물의 숲〉도 마찬가지입니다. 현실의 시간과는 다른 속도로 게임이 흘러갑니다. 현실에서는 고작 한두 시간이 흘렀을 뿐인데 〈모여봐요 동물의 숲〉에서는 아침과 저녁이 몇 번이나 반복됩니다. 플레이어가 교통 체증에 시달리며 이동하는 사이에도 게임 속 캐릭터는 한적한 시골 마을에 아담한 집을 짓고 낚시를 하며 여유란 여유는 마음껏 누릴 수 있습니다. 물론 집을 짓기 위해 빌린 돈을 갚아야 하지만 물고기를 잡거나 조개를 줍고 과일을 수확해서 갚을 수 있으니 현실의 빡빡한 삶과는 차원이 다르죠. 플레이어는 현실에서 숨 막히는 대중교통을 타고 학원으로, 직장으로 달려가지만 게임 속 캐릭터가 누리는 한가로움과 평화를 만끽하며 현실에서 벗어난 시공간을 만들어 갑니다.

가볍지만 진지하게

게임에서는 '심각하지 않은 상태로 존재하는' 매우 유희적인 특성이 있습니다. 게임에서 얼마든지 죽었다가 다시 살아나기를 반복하는 것이 유희성의 대표적인 증거입니다. 만일 게임이 진지하고 심각한 것이었다면 우리는 전투에 임하기 전 엄청난 갈등에 시달렸을 것입니다. 목숨을 내놓고 전쟁터로 뛰어든다는 것이 쉬운 일은 아니기 때문이에요. 하지만 게임에서는 얼마든지 죽었다가 다시 살아나는 일을 반복할 수 있기 때문에 마음껏 즐길 수 있습니다. 때로는 더 이상 스테이지를 클리어할 수 없다고 생각해서 전투를 멈추고 일부러 죽는 경우도 있습니다. 다음 판에서 다시 잘해 봐야겠다고 다짐하면서 말입니다.

흥미로운 것은 이 유희와 자유로움에 진지함이라는 특별한 상태가 함께 공존한다는 것입니다. 소꿉놀이를 하는 어린아이들을 떠올려 보세요. 플라스틱으로 만든 각종 주방기구를 가지고 된장

찌개를 만들고 돈가스도 만들면서 마치 유명 요리사가 된 것처럼, 진짜 맛있는 음식을 먹는 것처럼 흉내를 냅니다. 소꿉놀이를 하는 그 순간만큼은 정말 엄마나 아빠가 된 것처럼 말하고 행동하죠. 컴퓨터 게임을 할 때도 마찬가지입니다. 전투에 임하는 우리의 자세는 그 어떤 군인보다 전략적이고 용맹합니다. 다른 플레이어와 팀을 짜서 전투하는 상황이라면 충분한 토의를 통해 승리를 위한 전략을 세웁니다. 체력을 보충할 물약을 팀원에게 나눠 주기도 하고, 각자 어떤 무기를 장착해야 하는지 계획을 세웁니다. 진짜는 아니지만 그렇다고 가짜라고도 이야기할 수 없는 이 경험이 바로 놀이의 두 번째 특징입니다.

스스로 시작하는 게임 플레이

게임은 어느 누구도 강요하지 않은 상태에서 시작됩니다. '그만 놀아라' '놀지 말아라' 하는 말은 자주 듣지만 '제발 놀아라' 하는 부모님의 부탁은 들어 본 적이 없지 않나요? 바로 세 번째 특징인 자발성 때문입니다. 게임은 명령에 의해 이루어지지 않습니다. 우리는 자유 의지로 게임을 선택하기 때문에 그토록 게임이 즐거운지도 모릅니다. 하지만 이렇게 우리를 행복하게 하는 게임은 늘 뒷전으로 밀립니다. 왜 그럴까요? 게임은 숙제나 시험처럼 의무나 책임을 가지고 하는 일이 아닙니다. 반드시 해야 할 일을 먼저 하고 시간이 남으면 게임을 합니다. 어릴 때부터 자유보다는 의무와 책임이 먼저라고 배웠기 때문입니다. 언제나 게임은 시간이 남을 때 해야 하는 것처럼 느껴지고, 그렇다 보니 게임할 시간은 늘 부족합니다.

겨우겨우 부족한 시간을 쪼개서 게임을 하는데 벌컥 방문을 열고 "그만하지!"라고 하는 부모님의 한마디에 긴장됩니다. "이거 한 판만 하고 그만할게요"라고 하면 부모님은 꼭 이렇게 말하죠. "그거 끝까지 안 하면 지구가 멸망하니? 당장 꺼!"라고 말입니다.

신나게 게임을 하고 있다가도 종종 중단되는 이유는 이런 특성 때문입니다. 안타깝게도 게임은 마땅히 해야 하는 의무의 영역에 있지 않습니다. 게임이나 놀이가 의무라면 얼마나 좋을까 생각하나요? 하지만 또 한편으로는 그것이 의무가 되는 순간, 하기 싫어지는 것은 아닐까 하는 생각도 듭니다. 원래 누가 시켜서 하는 일은 재미가 없기 마련이니까요. 저는 대학생 형, 누나에게 '만렙 찍기'를 과제로 내 준 적이 있습니다. 생각만 해도 짜릿하고 엄청 행복할 것 같죠? 하지만 실제로 게임을 숙제로 하면 왠지 재미가 없나 봅니다. 만렙을 찍지 못한 학생들이 꽤 있었거든요.

나도 모르게 빠져드는 즐거움

게임의 또 다른 특징은 몰입성입니다. 몰입은 앞서 살펴본 자발성을 전제로 발생합니다. 게임은 그 어떤 행위보다 자발적인 몰입을 추구하는 특징이 있습니다. 나중에 더 자세히 살펴보겠지만 몰입은 자신의 능력을 충분히 발휘할 수 있는 특정한 조건하에서 발생합니다. 도전해야 하는 대상이 자신의 능력에 비해 지나치게 강하거나 난이도가 높다면 몰입 대신 두려움이라는 감정이 먼저 들 것입니다. 그 반면 너무 쉬우면 시시해서 지루함을 느낍니다. 몰입은 너무 어렵지도, 또 너무 쉽지도 않은 도전을 마주했을 때 발생합니다.

여기서 흥미로운 점은 몰입하는 순간에는 시간의 왜곡 현상이 함께 발생한다는 점입니다. 게임을 하다 보면 30분밖에 안 한 것 같은데 어느새 2시간이 흘러 버린 경험을 종종 하게 됩니다. 수업 시간은 참 더디게 가는데 왜 꼭 게임하는 시간만 빠르게 흘러갈까요? 이것이 바로 몰입에서 오는 시간의 왜곡 현상입니다.

몰입은 게임 플레이에서만 느끼는 특별한 감정이 아닙니다. 흥미로운 책을 읽거나 영화를 볼 때에도, 좋아하는 사람과 시간을 보내거나 자신이 좋아하는 취미 활동을 할 때에도 몰입의 순간은 찾아옵니다. 산악인이나 운동선수는 몰입의 순간을 종종 경험한다고 합니다. 믿기 어렵겠지만 공부를 하는 순간에도 몰입은 발생합니다. 특정 분야 전문가들은 몰입의 순간과 감정을 최대한 잘 활용하는 사람들이기도 합니다.

백 가지 캐릭터, 백 가지 역할

게임의 다섯 번째 특징은 플레이어가 자신을 감추고 역할놀이에 빠져들게 한다는 데 있습니다. 역할놀이는 게임의 첫 번째 특징인 비일상성과 직접적인 관계가 있습니다. 게임 세계에서 우리는 일상과는 다른 역할을 부여받습니다. 플레이어는 절대악과 맞서 싸우는 전사가 되기도 하고, 악당으로부터 공주를 구해 내는 배관공이 되기도 합니다. 유유자적 계절을 느끼며 채집을 하고 농장을 가꾸기도 하죠. 때로는 마피아의 일원이 되어 은행을 털고 도로를 질주하기도 하고, 인기 게임인 〈어몽 어스^AMONG US〉에서는 임포스터^Imposter가 되어 다른 플레이어 모르게 플레이어를 처치하고 자신의 정체가 드러나지 않게 비밀을 유지해야 합니다. 이 모든 것을 현실에서는 감히 해 볼 수 없지만 게임에서는 여러 역할을 맡는 일이 아주 쉽습니다. 현실의 삶은 일회적이지만 게임은 그렇지 않죠. 현실에서는 한 번의 실수로 인생을 나락으로 떨어뜨릴 수도 있고 위험천만한 일에 도전했다가 망신만 당하고 결과는 아무것도 얻을 수 없는 상황에 직면할 수도 있습니다. 현실은 번복할 수 없지만 게임은 다릅니다. 얼마든지 다시 시작할 수 있습니다. 그렇기 때

문에 게임 세계에서 플레이어는 다양한 시도를 해 볼 수 있습니다. 일상의 나와는 다른 캐릭터로 설정하고 나의 행동 양식과는 다른 결정과 판단을 실행에 옮길 수도 있는 것이 게임입니다.

모여서 놀면 더 흥미로운

특정한 역할을 연기하는 플레이어들은 게임을 통해 특별한 모임을 만들기도 합니다. 바로 여섯 번째 특징인 '집단성' 덕분입니다. 플레이어들은 게임에서 특정한 미션을 클리어하기 위해 일시적으로 모였다가 헤어지는 파티Party를 이루거나, 지속적으로 유대 관계를 갖는 길드Guild와 같은 커뮤니티를 형성하기도 합니다. 싱글 플레이를 추구하는 게임에서도 최근에는 온라인 네트워크 서비스를 지원하여 플레이어들이 게임 안에서 만나 협력하는 플레이를 지향하고 있습니다.

플레이어들의 사회적 모임은 게임에서만 유지되는 것이 아닙니다. 게임 밖, 즉 현실로 확장되어 유지하는 추세입니다. 예전에는 현실 세계의 자신을 지우고 캐릭터를 앞세웠다면 최근에는 현실과 게임 세계의 자아가 하나가 되는 경향도 있습니다. 뿐만 아니라 게임에서 만난 인연을 현실의 사회적 모임보다 더 우선시하고 가치 있게 느끼는 경우도 많습니다. 그렇다 보니 게임 세계가 단순한 놀이 공간이 아니라 현실 세계와 맞먹는 또 다른 세계로 자리 잡을 가능성이 점점 높아지고 있습니다.

현실과 게임의 경계, 매직서클

앞에서도 언급했듯 하위징아는 이러한 게임의 특징들을 매직서클이라는 개념으로 정리합니다. 매직서클은 마법진魔法陳에 해당합니다. 영화 〈어벤져스〉 시리즈에서 닥터 스트레인지가 두 손으로 만들어 내는 원형의 특별한 경계를 떠올리면 마법진을 이해하기 쉽습니다. 마법진은 마법사들이 어떤 위협적인 상대로부터 자신과 일행을 보호하기 위해 만들어 내는 특별한 장치입니다. 때문에 마법진 안에서는 외부의 어떤 화살이나 공격도 피할 수 있다는 장점이 있습니다. 마법진이 안과 밖을 각기 다른 규범과 질서로 구분하고 절대 통과하지 못하게 경계 짓는 것입니다.

하위징아는 이런 마법진의 개념을 놀이에 적용합니다. 그에 따르면 놀이는 시간과 공간의 경계를 통해 구분되고 현실적인 일상과는 확연히 다른 특별한 시공간에서 일어납니다. 그렇기에 비일상적이고, 자신을 다른 역할로 위장할 수 있으며, 현실에서와는 다른 태도로 새로운 경험을 만들어 낼 수 있다는 것입니다. 이는 게임이 다른 미디어와 구별되는 특징이기도 합니다.

플레이어는 현실의 구속이나 통제로부터 벗어나 매직서클 안의 게임 세계에서 마음껏 해방감을 누리면서 생기를 찾습니다. 사회 제도나 관습을 지켜야 하는 일상에서 벗어나는 것만으로도 플레이어는 흥분하고 즐거워합니다.

하지만 한없이 자유롭고 가벼워 보이는 게임 세계에서 플레이어는 진지하고 엄숙하게 미션을 클리어해 갑니다. 자유와 진지함은 철학적으로 서로 함께하기 어려운 개념임에도 불구하고 게임에서는 양가감정이 공존합니다. 비일상적이기에 자유로우면서도 동시에 진지한 태도로 게임 세계의 질서를 되찾기 위해 최선을 다해 노력합니다. 여러분도 그렇지 않나요?

환상의 세계, 꿈과 마법의 게임 월드

게임이 등장하기 전 사람들에게 꿈과 희망이 가득한 세계를 보여 주는 것은 영화였습니다. 하지만 처음부터 그랬던 것은 아닙니다. 최초의 영화는 프랑스의 발명가 뤼미에르 형제가 만들었습니다. 최초의 영화라고 불리는 〈열차의 도착 L'Arrivée d'un train en gare de La Ciotat〉은 1895년 프랑스의 한 카페에서 처음 상영되었습니다. 상상해 보세요. 최초의 영화를 그 누구보다 먼저 보게 된다! 상영회에 초대받은 사람들

영화 〈열차의 도착〉 포스터

은 정말 두근거리는 마음으로 카페에 들어가지 않았을까요? 그런데 영화가 시작된 지 얼마 지나지 않아 그들은 혼비백산하며 카페를 뛰쳐나옵니다. 도대체 무슨 일이 있었던 걸까요?

현실이 아닌 줄 알면서도

영화 내용은 아주 단순합니다. 영화가 시작되면 승강장에서 열차를 기다리는 사람들이 보입니다. 저 멀리서 크고 검은 열차 한 대가 승강장으로 들어옵니다. 그리고 열차를 타기 위해 기다리는 사람들 앞에 정차하는 것이 전부예요. 고작 50초 정도의 러닝 타임인데 영화를 보던 귀족들은 진짜 열차가 들어오는 줄 알고 깜짝 놀라 뛰쳐나가기 바빴다고 합니다. 지금 생각해 보면 어이없는 일이죠. 하지만 영화라는 미디어를 처음 접한 사람들의 입장에서 보면 저 멀리서 기차가 자신을 향해 달려오니 놀랄 수밖에 없지 않았을까요? 기차가 자신을 덮칠 수도 있다고 생각했을 겁니다.

우리도 이와 비슷한 경험이 있습니다. 바로 3D 입체 영화의 등장이에요. 처음 3D 입체 영화를 관람했을 때를 떠올려 보세요. 공이 날아오면 자신도 모르게 몸을 움직여 피하고 스크린 속 물건을 잡기 위해 손을 뻗었던 경험이 한 번쯤 있지 않나요? 사실 우리는

3D 입체 영화에서 실제로 공이 날아온다고 믿지 않습니다. 그럼에도 몸은 저절로 움직이죠. 나도 모르게 눈을 감거나 소리도 지릅니다. 공이 내 옆을 스쳐 가면 안도의 한숨을 내쉬기도 합니다. 이런 현상은 왜 일어나는 걸까요?

게임은 더합니다. 〈더 라스트 오브 어스The Last of Us〉를 아시나요? 이 게임에서 인류의 60퍼센트 이상이 바이러스에 감염됩니다. 살아남은 사람들은 감염자의 공격을 피해 은신하거나 그들과 싸워 자신을 지켜야 합니다. 매일같이 일어나는 폭동을 견뎌야 하고 부족한 식량을 확보하기 위해 전투를 벌여야 합니다. 이 와중에 플레이어는 바이러스 항체를 가진 유일한 인간인 어린 소녀를 지켜 내는 미션을 수행합니다.

플레이어는 어린 딸을 잃어버린 아버지 역할이기 때문에 게임을 하는 동안 감염자들의 공격을 막아 내려고 총 쏘는 일도 주저하지 않습니다. 소녀가 딸처럼 느껴지기 때문입니다. 플레이어는 자신과 소녀의 생존을 위해 비인간적인 행위도 서슴지 않습니다. 자신을 방해하는 적은 감염자든 사람이든 가리지 않고 죽입니다.

게임 세계가 현실 세계와는 엄격하게 분리된 허구적 세계라는 것을 플레이어는 잘 알고 있습니다. 그렇기 때문에 감염자들에게 둘러싸여 위협을 받을 때도 가족 혹은 친한 친구에게 전화를 걸어 "여긴 감염자가 너무 많아. 더 이상 버틸 힘이 없어. 난 이미 틀렸어. 너라도 살아. 어서 이 도시를 빠져나가"라고 하지 않죠. 하지만 왠지 모르게 예상하지 못했던 공간에서 불쑥 튀어나오는 감염자를 마주하면 깜짝 놀라 비명을 지릅니다. 심장 박동이 빨라지는 것은 말할 것도 없고요. 등에서는 식은땀이 흐르고 마우스를 잡은 손은 떨립니다. 감염자들의 기괴한 모습만 봐도 인상이 저절로 구겨집니다. 게임 속 감염자가 허구임을 알지만 마치 실재하는 괴물을 만난 것처럼 몸이 반응합니다. 참으로 이상하지 않나요? 인간은 원래 실질적인 인물이나 상황만을 믿고 몰입하고 감정을 느끼는데 허구적인 게임 세계에서 허구의 괴물을 보고 놀라니 말입니다.

왜 허구를 보고 감정을 느낄까?

영국의 학자 콜린 래드포드 Colin Radford 는 허구의 것을 보고 감정을 느끼는 현상을 연구했습니다. 영화나 소설 같은 허구적인 세계를 향한 인간의 감정적인 반응은 앞뒤가 맞지 않다고 생각한 것입니다. 예술 작품 속에 등장하는 인물과 사건이 허구임에도 불구하고 자연스럽게 느껴지는 감정의 정체가 무엇인지 논리적으로 설명할 수 있는 방법을 찾기 위해 '콜린 래드포드의 퍼즐'이라고 부르는 명제를 제시했습니다.

첫째, 인간은 오직 인간 감정의 대상이 실제로 존재한다고 믿을 경우에만 그것에 대해 감정을 느낀다.

둘째, 인간은 허구의 인물이나 상황이 실제로 존재하지 않는다는 것을 알고 있으며, 실제로 존재한다고 믿지 않는다.

셋째, 인간은 허구의 인물이나 상황에 대해 감정을 느낀다.

세 명제는 하나씩 보면 모두 맞는 말입니다. 하지만 철학적 논증 과정을 거치면 모두가 참일 수 없는 문제에 부딪힙니다. 예를 들어 첫 번째 명제와 두 번째 명제가 참이라면 세 번째 명제인 허구적인 인물이나 상황에 대해 느끼는 우리의 감정은 거짓이어야 합니다. 인간은 실재하는 대상에만 감정을 느낀다는 전제를 내세웠기 때문입니다. 만약 세 번째 명제가 참이라고 주장하려면 첫 번째와 두 번째 명제를 바꿔야 합니다. 인간은 실제로 존재하는 대상에 대해 감정을 느낀다, 허구적인 인물이나 상황도 실재하는 것이라고 믿는다, 뭐 이런 식으로요.

헷갈리나요? 여러분이 그렇게 느끼는 것은 당연합니다. 여러분이 혼란스러운 것처럼 많은 철학자도 이 문제를 해결하기 위해 다양한 논의를 펼쳤습니다. 첫 번째 명제인 '인간이 느끼는 감정의 대상이 반드시 실제 존재하는 것만이다'라는 것 자체를 부인하는 학자도 있었고, 세 번째 명제에서 '허구의 인물이나 상황' 대신 '우리가 존재한다고 믿고 있는 어떤 다른 것'을 대치시켜 퍼즐을 풀어 보려고 시도했습니다. 하지만 그들은 모두 한계에 부딪혔습니다. 그래서 래드포드는 이 퍼즐을 풀 수 있는 방법은 없으며, 오히려 인간의 감정은 원래부터 앞뒤가 맞지 않는 비합리적인 것이라고 주장하기에 이릅니다.

진짜도 가짜도 아닌 제3의 감정

아이러니 같은 인간의 감정적 반응에 켄달 월튼Kendall Walton이라는 철학자가 새로운 이론을 제시합니다. 그는 인간이 앞뒤가 맞지 않는 감정 상태를 보이는 까닭은 '유사 감정' 때문이라고 말합니다. 유사감정론은 인간이 느끼는 감정이긴 한데 진짜도 아니고 가짜도 아닌 제3의 상태를 일컫습니다. 월튼은 특히 인간이 소설이나 영화와 같은 허구적인 인물이나 상황을 마주할 때 발생하는 특별한 감정이라고 말합니다. 그리고 이 감정은 주로 무엇인가를 '믿는 척할 때' 발생한다고 주장합니다. 이게 무슨 말일까요?

초록색 괴물이 등장하는 영화를 보고 있다고 생각해 봅시다. 최초의 영화를 봤던 귀족들과 달리 우리는 괴물이 가짜라는 것쯤은 알고 있습니다. 하지만 괴물이 나타날 때마다 깜짝깜짝 놀랍니다.

괴물이 괴성을 지르며 카메라를 향해 달려오면 나도 모르게 눈을 감거나 꺅 하고 소리를 지릅니다. 영화 속에 등장하는 초록색 괴물이 진짜가 아니라는 것을 분명 머리로 이해하고 있지만 '그 괴물은 위협적이다. 무섭다. 나를 잡아먹을지도 모른다'라고 '믿는 척'하고 있기 때문에 심장 박동이 빨라지고 땀이 송골송골 맺히면서 두려운 마음이 생긴다는 것입니다. 꽤나 그럴듯하지 않나요?

아빠와 괴물놀이를 하는 어린아이를 떠올려 봐도 좋습니다. 아빠가 괴물이 낼 법한 이상한 소리를 내며 아이를 잡아먹겠다고 쫓아갑니다. 아이는 아빠가 괴물 탈을 쓰거나 특별한 분장을 하지 않아도 소리를 지르며 방 안으로 숨고 문을 꼭 닫죠. 잠시 뒤 아빠 괴물이 아무런 반응이 없다면 아이는 방문을 살짝 열고 고개를 빼꼼 내밀 것입니다. "아빠, 괴물놀이 안 해요?" 하면서요. 그러면 아빠는 다시 괴물 흉내를 내고 아이는 소리를 꽥 지르면서 다시 방 안으로 쏙 들어가겠죠?

자, 이 상황에서 어린아이의 감정 상태를 어떻게 설명할 수 있을까요? 아이가 만약 아빠가 진짜 괴물로 변했다고 생각한다면 굳게 닫았던 방문을 다시 열고 아빠에게 놀자고 조를 수 있을까요? 절대 불가능하겠죠. 아빠가 괴물인 척 연기한다는 것을 알기 때문에 아빠와 계속 놀고 싶은 것입니다. 반대로 아빠가 그냥 아빠일 뿐이라고 생각하면 아이는 아빠가 무서운 소리를 내며 다가오더라도

아무 반응이 없지 않을까요? 결국 사람들은 영화 속 초록 괴물이
든 괴물 흉내를 내는 아빠든 허구적인 대상을 믿는 척하면서 두려
움과 공포라는 감정을 갖게 된다는 것입니다.

적극적으로 상상하는 게임 플레이

인간은 어떻게 허구적인 대상을 믿는 척할까요? 이 과정은 의도적이라기보다 자연스러운 결과입니다. 누군가가 시켜서 믿는 것도 아니고 스스로 결심해서 이루어지는 것도 아닙니다. 바로 인간의 상상력에서 비롯됩니다. 일반적으로 상상력은 이미 알고 있거나 본 적이 있는 이미지를 기억이나 지각에 의해서 다시 불러오는 능력이라고 알려져 있습니다. 하지만 이렇게 생각하는 까닭은 상상력이라는 단어의 어원 때문에 생긴 오해입니다. 생각 상想, 모양 상像, 힘 력力이라는 한자어는 어떤 모양을 생각해 내는 힘이라는 뜻으로 해석할 수 있어요. 모양을 생각해 낸다는 것은 모방의 개념과 맞닿아 있기 때문에 앞서 말한 것처럼 이미 알고 있거나 본 적 있는 이미지를 재생한다는 개념을 담고 있습니다.

자유로운 상상력이 진정한 상상력

프랑스의 저명한 철학자 가스통 바슐라르Gaston Bachelard는 상상력을 이렇게 해석했습니다. 이미 알고 있는 것을 떠올리는 '재생되는 상상력'은 진짜 상상력이 아니고 오히려 진정한 상상력을 방해하는, 경계해야 하는 대상이라고 말입니다. 바슐라르가 말하는 진짜 상상력은 굉장히 자유로운 개념이에요. 원래 이미지를 뛰어넘어도 되고, 원래 이미지와 아무런 상관관계가 없어도 된다고 합니다. 이런 식으로 발휘하게 되는 이미지는 어찌 보면 현실이나 감각의 경험에서 벗어난 것일 수도 있는데요. 이렇게 얻어진 자유로운 창조적 상상력이야말로 진정한 상상력이라고 주장합니다.

그렇기에 상상력을 발휘하기 위해서는 적극적이고 역동적인 태도를 가져야 한다고 강조합니다. 이미 알고 있는 이미지, 부여된 이미지를 떠올리려고 노력하거나 특정 이미지를 따라가려는 수동적인 자세를 취하지 말고, 기존 이미지를 전복시키고 새로운 이미지를 만들어 내려는 적극적이고 주체적인 태도를 가져야 한다고 말입니다.

그런데 흥미로운 점은 이런 적극적인 참여와 역동성을 전제로 하는 미디어가 바로 게임이라는 것입니다. 디지털 게임은 플레이어의 적극적인 참여와 행동이 없다면 절대로 진행될 수 없습니다.

소설이나 영화와는 또 다른 특징입니다. 소설이나 영화를 접하는 사람은 이야기 속 주인공이 경험하는 사건을 따라가면서 수동적으로 그의 이야기를 경험합니다. 간접 체험하는 것이죠. 하지만 게임은 다릅니다. 플레이어는 게임 세계의 주인공 역할을 맡습니다. 어느 멋지고 잘생긴 주인공의 모험담을 바라보는 것이 아니라 '나만의 이야기'를 펼쳐 나갑니다. 플레이어들은 모두 주인공이 되어 게임의 서사를 이끌어 가는 주체가 됩니다.

빈번하게 발생하는 '믿는 척하기'

플레이어는 게임 세계가 물리적으로는 존재하지 않는 것을 알면서도 적을 물리치고 목적지에 도달하는 경험을 매우 의미 있게 받아들입니다. 플레이어가 물리쳐야 하는 적은 컴퓨터 그래픽스로 만든 가상의 존재이지만, 검을 휘두르고 스킬을 구사하는 행위는 허구라고 할 수 없습니다. 실제로 플레이어는 적을 물리치기 위한 특별한 액션을 취합니다. 진짜 칼을 들고 휘두르지 않을 뿐이지 조이스틱을 조작하고 키보드를 누르면서 실제적인 경험이라고 느낍니다. 때문에 그들이 게임을 대하는 태도는 매우 진지합니다. 캐릭터가 위협을 당하면 두려워하고 위험에 처하거나 설령 죽기라도 하면

그렇게 마음이 아플 수가 없습니다. 다음번에는 똑같은 실수로 죽지 말아야지 하고 다짐하게 되죠. 매우 적극적으로 플레이에 참여하고 행동합니다.

　조금 어려운 이야기일까요? 앞에서 살펴본 게임 〈더 라스트 오브 어스〉를 다시 떠올려 보겠습니다. 게임의 스포일러가 될 수도 있지만 공부한다고 생각하고 이해해 주세요. 〈더 라스트 오브 어스〉의 결론부에 가면 플레이어는 험한 일을 함께 겪으면서 목숨을 부지해 가던 소녀 엘리의 생명을 두고 깊은 고민에 빠집니다. 엘리는 바이러스에 대항할 수 있는 항체가 있는 소녀죠. 정부는 이 소녀를 실험대에 올리려고 합니다. 소녀를 연구해야만 궁극적으로 바이러스를 퇴치할 수 있는 항체를 얻게 되고, 바이러스의 위협으로부터 전 지구인을 구할 수 있으니까요. 하지만 플레이어는 고민에 빠집니다. 소녀를 연구팀에 넘겨주면 결국 소녀는 죽을 수도 있거든요. 세계를 구할 것인가 아니면 소녀를 구할 것인가 플레이어는 진지하게 고민합니다. 이 고민의 순간을, 그리고 그 결정에 의한 플레이어의 액션을 가짜라고 말할 수 있을까요?

디지털 게임에서는 이런 일이 수도 없이 일어납니다. 플레이어가 활동하는 게임 세계는 물리적으로 실존하지 않지만 경험적으로는 실재한다고 설명할 수 있습니다. 플레이어는 마치 배우가 된 듯 연기를 하고, 진짜 괴물이 아니라는 것을 알면서도 속아 주고, 그 속에서 자신만의 이야기를 만들어 갑니다. 매우 적극적으로 게임 세계를 경험하고 그 세계의 경험을 진짜라고 느낍니다. 그렇기 때문에 디지털 게임은 '믿는 척하기', 즉 'Make-believe' 개념이 실현되는 세계라고 할 수 있습니다.

게임은 정말 쓸모없을까?

왜 어른들은 게임을 비판적으로 바라보고 게임하는 우리를 못마땅하게 생각할까요? 정말 게임은 쓸모없는 것일까요? 기본적으로 게임을 비판적으로 바라보는 사람들은 게임하느라 보내는 시간을 아까워합니다. 게임하는 것을 시간 죽이는 일이라고 생각하기 때문입니다.

하지만 청소년들은 게임에 쓰는 시간을 아까워하지 않습니다. 오히려 자기가 굉장히 중요한 일을 하고 있다고 생각하고 느낍니다. 하루 중 가장 의미 있는 시간을 보내고 있다고도 생각합니다. 기성세대와 청소년이 게임에 대해 느끼는 온도 차이는 어디서 오는 것일까요?

게임이 무가치하다고 생각하는 사람들

　게임이 가치 없다고 생각하는 이유 가운데 하나는 허구 세계를 부정적으로 생각하는 것입니다. 앞에서 살펴본 것처럼 플레이어는 게임 세계에서의 경험을 진짜 현실 세계에서의 경험처럼 느끼고 믿습니다. 그렇기 때문에 현실의 어떤 상황보다도 더 진지한 상태로 게임적 상황을 인식하고 게임에서 펼쳐지는 다양한 사건에 분명한 액션을 취하며 캐릭터가 처한 상황에 깊이 공감합니다. 하지만 게임을 하지 않는 사람은 플레이어의 이런 태도를 이해하지 못하는 것이죠. 그들에게 게임 세계는 현실 세계와는 완벽하게 분리된 것이고 게임 세계에서 일어나는 일은 현실 세계에 어떤 영향도 주지 못하는 하찮은 것입니다.

예를 들어 게임 세계에서 좀비를 죽이는 데 실패했다고 현실 세계가 위협받는 것은 아니기 때문에 좀비와의 전투가 중요한 일이 아니라고 생각하는 것입니다. 때문에 게임을 하지 않는 사람들은 현실에서는 쓸모가 없는 게임 세계에 힘을 쏟는 일을 무가치하다고 생각합니다. 허황된 일에 시간과 노력을 들이고 힘을 쏟는다고 치부합니다.

더 나아가 그들은 게임을 즐기며 시간을 보내는 사람을 비현실적인 사람으로 여깁니다. 허무맹랑한 판타지를 믿는 미성숙한 사람으로 판단하는 것이죠. 특히 게임 세계에서 시간을 많이 보내면 보낼수록 일상의 삶은 그들의 관심에서 멀어지고 오히려 게임 세계에 푹 빠져서 현실 사회와는 담을 쌓게 된다고 주장합니다. 게다가 게임에 몰입할수록 현실과 가상의 세계를 혼동하는 경우가 많다고 주장하죠. 심지어 가상의 게임 세계를 지배하는 질서와 규칙을 현실에도 적용할 수 있다며 경고합니다. 그렇게 되면 플레이어는 현실 세계의 경쟁에서 이기기 위해 폭력적이고 파괴적인 방법을 동원하게 된다는 것이죠.

실제로 폭력과 관련한 사회문제가 발생했을 때, 그 원인을 게임으로 돌리는 경우가 종종 있습니다. 평소 게임에서 폭력을 많이 쓰던 사람이 현실에서도 폭력적으로 행동한다는 논리입니다. 사실 이에 대한 정확한 인과 관계가 밝혀지지 않았음에도 말이죠.

치유하고 성장하는 예술의 가치

게임에 대한 부정적인 시각은 리얼리즘(사실주의) 시대의 전유물이라고 볼 수 있습니다. 리얼리즘은 객관적인 사물을 있는 그대로 정확하게 재현하려는 태도를 말하며, 과학적으로 측정할 수 있는 사실적인 것을 추구합니다. 이런 관점 탓에 리얼리즘 문학에서는 환상이나 판타지, SF 소설을 모두 진지하지 않다고 평가하고 하위 문학으로 취급해 왔습니다. 현실을 재현하지도 않으며 사실적이지도 않다는 이유로 말입니다. 하지만 오늘날은 어떠한가요. B급 문학으로 취급받던 장르들이 대대적인 인기를 얻고 있습니다. 문학이든 영화든 미술이든 사진이든 대부분의 예술 장르에서 말이죠.

이는 예술의 가치 문제와 직결됩니다. 고대 철학자인 플라톤Platon은 예술은 쓸모없는 것이라고 주장했어요. 하지만 아리스토텔레스Aristoteles는 예술이 비록 실질적으로 인간에게 쓸모를 제공하지는 않지만 카타르시스라고 하는 감정의 해소를 유발하기 때문에 그것만으로도 큰 쓸모가 있다고 주장합니다. 예술을 경험하면서 몸 안에 있는 불순한 감정이 배설된다는 거예요. 가슴이 답답할 때 영화 한 편 보고 실컷 울고 나면 왠지 모르게 속이 뻥 뚫리는 기분이 듭니다. 또한 코미디 영화를 보며 깔깔거리고 나면 그 전에는 너무나 하기 싫었던 일을 다시 시작할 수 있는 힘을 얻기도 하죠. 마음의 상처나 응어리 같은 것을 치유할 수도 있고 기분전환을 할 수도 있는 것이 바로 예술입니다. 이와 같은 아리스토텔레스의 관점으로 보면 예술은 어떤 현상이나 사실을 인식하기 위한 도구나 수단이 아니라 상상력을 발현시키고 이를 통해 유희를 즐기는 매체로 인식할 수 있습니다.

흥미로운 것은 어떤 식으로 바라보든 예술은 물질적인 이익과 직접적인 관계를 맺고 있지 않다는 점입니다. 예술은 '있을 법한 이야기'를 통해 인간이 마주하는 수많은 어려움에 해답을 제시하고, 문제 해결을 위해 어떤 태도를 가져야 하는지 알려 줍니다. 예술을 향유하면서 울고 웃고 공감하는 동안 우리는 자신의 영혼을 치유하고 스트레스를 날리며 정신적으로 성장하게 되죠. 이런 기능이야말로 진정한 예술의 가치라 할 수 있습니다.

지극히 개인적이고 감성적인

디지털 게임도 마찬가지입니다. 리얼리즘적 사고를 바탕으로 평가한다면 현실에 직접적인 영향을 끼치지 않고 물질적인 이익도 주지 않기 때문에 아무 쓸모가 없는 놀이로 볼 수 있습니다. 하지만 디지털 게임의 가치는 플레이어의 감성적이고 정신적인 문제를 해소하는 데서 출발합니다.

저는 디지털 게임을 하다가 눈물을 흘린 적이 있습니다. 〈저니
Journey〉에 처음 접속하면 플레이어는 자신의 캐릭터를 사막 한가
운데서 마주합니다. 이 게임은 일반적인 게임과 달리 '무엇을 해
라' '어디로 가라' 하는 식의 임무, 즉 퀘스트를 주지 않습니다. 사
막 한가운데 등을 보이고 앉아 있는 캐릭터를 일으켜 세우고는 무
작정 움직여 봅니다. 사막이다 보니 어디가 동쪽인지조차 알아차
리기 어렵습니다. 일정한 시간이 흐르고 주변을 살피다 보면 저 멀
리 있는 불빛을 발견합니다. 빛 너머에 무엇이 기다리는지 전혀 모
른 채 자연스럽게 빛을 향해 발걸음을 옮기게 되죠. 빛을 향해 가
는 길은 평온합니다. 심지어 그래픽이 너무 아름답고 감각적이어
서 자주 멈추고 광경을 바라봅니다. 게임 세계에 마음을 홀랑 빼앗
기는 것이죠.

그렇게 한참 가다 보면 험난한 눈밭도 나오고, 암흑 같은 동굴도
나옵니다. 때론 심연의 바다 같은 깊은 물속도 지나게 되죠. 쓰러
지기도 여러 번, 절벽으로 떨어지기도 합니다. 참 고단하다고 느낄
때쯤 나와 비슷한 모습을 한 여행자를 발견합니다. 그 역시 참 고
단해 보입니다. 외로움에 사무칠 즈음이라 말이라도 걸어 보고 싶
은데 그럴 수가 없습니다. 세상에, 옛날 게임도 아닌데 채팅을 할
수가 없어요. 처음엔 직접 조종할 수 없는 NPC^Non-Player Character 인가

하는 생각이 들기도 합니다. 하지만 NPC든 실제 플레이어의 캐릭터든 고난의 길을 함께 걷는 것만으로도 위안이 됩니다. 어쨌든 온갖 어려움을 겪고 빛의 산에 도달하는 데 성공하면 게임은 드디어 끝이 납니다. 그때의 희열은 말로 표현하기 어렵습니다. 고단했지만 드디어 뭔가를 이뤄 냈다는 만족감은 정말 최고예요.

그런데 진짜 놀라움은 게임이 끝나면서 시작됩니다. 여운이 가시지 않아 멍하니 엔딩 크레디트를 보고 있으면 게임 중 몇몇 장면이 스치듯 지나갑니다. 엔딩 크레디트에는 플레이 중에 만난 수많은 친구의 ID도 있습니다. 그제야 절벽에서 함께 길을 찾던 여행자가 또 다른 플레이어라는 것을 확신합니다. 실제로 죽기 직전에 마치 이런 기분이지 않을까 하는 생각이 들기도 합니다. 〈저니〉라는 제목을 다시 곱씹게 되죠.

하지만 놀라움은 여기서 끝나지 않습니다. 엔딩 크레디트가 다 올라가고 나면 화면이 다시 환해집니다. 그리고 사막 한가운데 앉아 있는 플레이어 캐릭터를 다시 보게 돼요. 처음 캐릭터를 만났던 바로 그 자리에서요. 다 끝난 줄 알았는데 다시 처음으로 돌아온 것이죠. 캐릭터는 이전과는 다른 디자인의 빨간 망토를 입고 있습니다. 그리고 목도리의 길이도 달라졌어요. 이미 한 차례 여행을 다녀왔다는 증표처럼요. 하지만 끝이 아니라 다시 시작이구나 하는 느낌이 강하게 듭니다. 끝난 줄 알았는데 다시 시작을 준비하고 있는 나의 캐릭터를 보고 있노라면 이게 바로 인생이구나 하는 생각이 머릿속을 가득 채웁니다. 수년이 지난 지금도 저는 이때 하염없이 흐르던 눈물을 잊을 수가 없습니다.

개인적인 이야기가 길었지만, 디지털 게임 플레이의 가치는 지극히 개인적이고 감성적이며 주관적인 데서 출발한다는 것입니다. 〈저니〉를 플레이한 모든 플레이어가 저와 동일한 경험과 감상을 느끼지는 않습니다. 하지만 모두가 저마다 자신의 현실 상황과 견주어 가장 적합한 의미를 찾아가죠. 모든 장르의 예술이 그러하듯 말입니다.

예술은 본질적으로 일상의 경계에서 벗어나 자유로운 영역으로의 확장을 추구합니다. 디지털 게임 역시 현실의 억압과 금기에서 벗어나서 새로운 세계를 창조하고 추구하려는 성질이 있습니다.

때문에 디지털 게임은 지금 우리가 경험하는 '바로 이 세계'가 아니라 '앞으로 경험하게 될 세계'인 가능 세계를 보여 주는 데 초점이 맞춰져 있습니다. 그렇기 때문에 이런 세계를 과학적이고 객관적인 프레임으로 재단하려는 것은 바람직하지 않죠. 게임은 예술이고, 게임 플레이는 예술을 경험하는 가치 있는 활동입니다.

우리는 게임 제너레이션

오늘날 디지털 게임은 다른 어떤 예술 장르보다도 가장 주목받는 대중문화로 자리 잡았습니다. 게임에 대한 인식은 여전히 부정적이지만 사실 우리의 삶에 많은 부분을 게임이 차지하고 있어요. 스티븐 스필버그 감독의 〈레디 플레이어 원〉이나 TV 드라마 〈알함브라 궁전의 추억〉처럼 게임을 소재로 한 영화나 드라마도 이제는 쉽게 찾아볼 수 있습니다.

우리 곁의 게임

인기의 지표라고 할 수 있는 광고 시장을 독차지하는 것도 바로 디지털 게임입니다. 텔레비전 광고는 물론이고 버스 외벽에 붙은 게임 광고판을 많이 봤을 거예요. 유명 배우들이 게임 광고의 모델로 활동하고 있습니다. 국내에만 국한된 이야기가 아닙니다. 할리우드에서 활동하는 배우가 게임의 모델로 등장해 우리를 깜짝 놀라게 합니다.

그뿐만이 아닙니다. 대중교통을 이용하는 직장인도 손에 핸드폰을 들고 여지없이 게임을 하고 있습니다. 정말 거리가 멀 것 같았던 교육 분야에서도 게이미피케이션Gamification을 이용해 본래의 목적을 달성하려고 노력합니다. 게이미피케이션은 게임이 아닌 분야에 게임적 사고와 과정을 적용하는 것으로, 이제 게임은 우리 일상에서 뗄 수 없는 문화라는 것을 보여 주는 단면입니다.

게임이 대중문화의 꽃이 되었다는 사실은 산업적이고 경제적인 측면에서 드러납니다. 매년 정부에서 발간하는 「콘텐츠 산업 동향 분석 보고서」를 보면 문화 콘텐츠 산업 분야에서 디지털 게임의 산업적 경쟁력이 얼마나 큰지 확인할 수 있습니다. 게임 산업은 전체 문화 콘텐츠 산업의 50퍼센트 이상을 차지하고 있습니다. 게임 중독이나 과몰입과 같은 수많은 부정적 담론 속에서도 말이죠. 2018년 국내 게임 시장 규모는 14조 2902억 원 수준입니다. 이는 2017년에 비해서 약 9퍼센트 증가한 수치이며, 국내 게임 산업은 2009년부터 지금까지 꾸준히 성장하고 있습니다. 이 성장 추이는 매우 중요합니다. 문화 콘텐츠 시장의 경쟁력을 따질 때는 전체 규모도 중요하지만, 이보다 성장 중인지 하락하는지, 아니면 그대로 유지하는지에 대한 흐름이 중요한 지표가 되기 때문입니다.

태어나면서부터 게임을 접하는 세대

게임의 대중화를 견인하는 세대를 '게임 제너레이션'이라고 부릅니다. 게임을 하는 세대, 게임에 익숙한 세대를 일컫는 말입니다. 일반적으로 1980년 이후에 태어난 세대를 말하는데요. 이는 미국을 기준으로 하는 지표이고, 우리나라는 10년 정도 더 늦게 태어난 세대를 게임 제너레이션이라고 말할 수 있습니다. 아무래도 미국보다 더 늦게 게임이 보급되었으니까요. 그런데 사실 이들이 태어난 연도는 중요하지 않아요. 그것보다는 게임 세대가 어떤 특성을 가지고 생활하는지, 왜 그들에게 게임이 소중한지를 살펴보는 것이 중요하겠지요.

게임 제너레이션은 태어나면서부터 게임이라는 미디어를 접했습니다. 그 때문에 생각하는 방식 자체가 게임에 익숙하지 않은 이전 세대와 차이가 있어요. 예를 들면, 게임 세대인 여러분은 뺄셈을 할 때 예시로 "괴물 17마리가 있는데 광선총으로 9마리를 쏜다

면 8마리가 남는다"라고 하는 것을 아마 자연스럽게 느낄 거예요. 하지만 이전 세대는 "사탕이 17개 있는데 동생이 9개를 먹는다면 몇 개 남는가" 하는 식으로 공부했죠. 이와 같은 차이는 지금은 게임적 상황을 떠올리는 것이 연산을 더 재미있고 쉽게 배울 수 있는 시대라는 것이 반영된 셈입니다.

다양한 활동에 적극적인 게임 세대

게임 세대는 사회적인 문제에도 적극적으로 참여합니다. 지난 2002년 월드컵, 2008년 미국산 쇠고기 수입 반대, 2016년 대통령

탄핵 촛불집회, 2019년 검찰 개혁 촛불집회 등에서 활발하게 참여하는 게임 세대를 발견할 수 있었습니다.

게임은 플레이어의 적극적인 개입 없이는 진행되지 않습니다. 플레이어가 캐릭터를 생성한 후 어떤 액션도 취하지 않으면 게임 세계는 그대로 멈춰 있습니다. 때문에 플레이어는 능동적으로 게임 세계를 탐색하고 문제를 해결하기 위해 노력합니다. 게임을 통해 이런 특성을 갖게 된 게임 세대는 다른 영역에서도 적극성을 발휘하는 것이죠.

앞에서 이야기했듯이 게임 세대는 연령으로만 구분하지 않습니다. 근래에는 기성세대도 다양한 게임을 학습하고 즐기고 있어요. 〈애니팡 Anipang〉에서 하트를 주고받으며 게임을 익힌 세대가 바로 오십 대 이상입니다. 청소년들이 하는 게임과는 조금 다르지만 게임의 다양성을 생각한다면 그들도 게임 세대라고 부를 수 있지 않을까요?

게임 세대의 또 다른 특징으로는 즉각적인 피드백과 분명한 보상 시스템에 익숙하다는 점을 들 수 있습니다. 게임은 플레이어의 액션에 대한 결과를 즉각적으로 알려 줍니다. 플레이어가 적을 공격하면 얼만큼 대미지 Damage를 줬는지 수치로 바로 파악할 수 있어요. 플레이어가 타격을 입었을 때도 마찬가지입니다. 플레이어는 수시로 자신의 체력과 스킬 상태를 점검하면서 게임을 플레이하죠.

플레이어는 자신의 액션에 대한 보상도 확실히 받습니다. 게임은 플레이어에게 절대로 퀘스트만 제시하지 않습니다. 미션을 클리어하면 어떤 보상을 받을 수 있는지도 분명하게 제시합니다. 이런 특징 때문에 때로는 게임 세대를 계산적이고 이득이 있어야만 움직인다며 비판하는 시선도 있습니다. 하지만 그런 점만 있는 것은 아닙니다. 결과를 예측할 수 있다는 것은 해야 하는 수많은 일 중에서 어떤 것을 선택할지에 대한 중요한 기준을 제공한다는 측면에서 매우 의미 있는 것입니다. 전략적으로 세상을 바라보고 판단하고 더 효율적인 가치를 추구할 수 있기 때문입니다.

2

게임에도 역사가
숨어 있다고?

게임은 과학일까 예술일까?

　게임은 과학일까요, 아니면 예술일까요? 게임을 연구하는 사람들은 이에 대한 의견으로 팽팽하게 대립합니다. 게임을 과학이라고 생각하는 사람들은 자연스럽게 게임 엔진, 프로그래밍, 게임 시스템을 이루는 수학적 계산과 게임 세계의 자원 흐름이나 캐릭터의 상생 관계와 같은 요소를 떠올릴 것입니다. 게임을 일종의 기술 집합으로 인식하는 것이죠. 반면에 게임을 예술이라고 생각하는 사람들은 미학적인 측면을 떠올립니다. 번뜩이는 아이디어와 독창적인 스토리, 아름다운 그래픽이나 심금을 울리는 음악, 재미와 감동, 상상력 등을 생각하게 되죠. 동시에 유명한 게임 개발자의 이름을 떠올리며 거장의 숨결을 느껴 보려고 하고요.

게임이 예술이라면

게임을 예술이라고 생각하는 사람들은 게임을 개발하는 초기 작업 단계와 게임 플레이 이후 플레이어가 느끼는 감정 상태를 중요하게 생각합니다. 개발자들은 작업 초기에 어떤 게임을 만들 것인지 아이디어를 떠올리고 기본적인 콘셉트를 구상합니다. 이때 굉장히 중요하게 생각하는 것이 바로 플레이어들이 어떤 경험을 하게 될지에 대한 가늠이에요.

게임은 대중예술에 속하기 때문에 자신의 만족을 위해서만 만들지 않습니다. 플레이어에게 어떤 재미적인 요소를 줄지, 어떤 감동을 부여할지를 먼저 고민하죠. 분명 이 단계는 흔히 게임 이외의 다른 장르의 예술가가 하는 고민과 태도를 많이 닮아 있습니다. 예술가들은 세상을 향해 왜 지금 이 이야기를 하고 싶은지 늘 고민하죠. 자신의 작품이 세상에 조금이라도 긍정적인 역할을 하기 바라면서 말입니다. 예술 작품에 꼭 어떤 메시지가 들어 있어야 한다는 뜻은 아닙니다. 그림이든 음악이든 영화든 작품에 교훈적인 가르침이 없어도 충분한 의미를 찾을 수 있어요. 향유하는 그 순간만이라도 즐거움과 행복을 느낄 수 있다면 그것만으로도 예술로서의 가치가 있는 것이죠.

게임도 마찬가지입니다. 많은 플레이어에게 기억에 남는 게임으

로 꼽히는 〈슈퍼 마리오 브라더스SUPER MARIO BROS.〉를 생각해 볼까요? 이 게임에서는 어떤 메시지를 찾을 수 있을까요? 혹시 이 게임을 하면서 쿠퍼가 납치한 여자 친구를 구하는 일은 세상 그 어떤 일보다 중요하다는 메시지를 받은 사람이 있을까요? 혹은 배관공의 직업 세계에 대한 정보를 파악한 사람은요? 이런 메시지보다는 다양한 지형으로 디자인된 각 스테이지를 깨는 재미, 머리로 벽돌을 부딪쳤을 때 나는 경쾌한 사운드를 듣는 재미, 일정 시간 동안 거대해진 캐릭터로 벽돌이고 몬스터고 모두 다 깨 버리는 재미때문에 플레이하는 것은 아닐까요? 실제로 이 게임을 만든 미야모토 시게루宮本茂는 세상에서 가장 재미있는 높이뛰기를 경험했으면 좋겠다는 바람으로 만들었다고 합니다. 게임 플레이가 예술적 가치를 줄 수 있다는 것을 보여 주는 사례입니다. 물론 기능성 게임

Serious Game처럼 플레이를 하고 나서 특정한 메시지를 직접적으로 얻는 경우도 있습니다만, 대개는 게임하는 순간의 감정을 중요하게 생각합니다.

게임이 과학이라면

게임을 과학이라고 생각하는 사람은 게임이 만들어지는 실제 프로세스를 중요하게 생각합니다. 실제로 게임은 구체적인 기능의 구현 방법을 정의하고 시스템을 설계하고 프로그래밍해야만 컴퓨터라는 기계를 통해 세상에 선보일 수 있습니다. 아무리 좋은 아이디어와 독창적인 스토리가 있더라도 컴퓨터에서 이를 실행시킬 수 없다면 그것은 무용지물이 될 것입니다. 기본적으로 컴퓨터가 이해할 수 있는 프로그래밍언어로 게임 아이디어를 코딩해 주는 과정이 필수입니다. 아무리 멋있고 아름다운 그림을 그렸다고 해도 이를 컴퓨터라는 미디어를 통해 보여 줄 수 있는 시스템이 구현되어야 합니다. 그래야 실질적으로 플레이어가 게임을 할 수 있을 테니까 말이죠.

특히나 요즘같이 기술의 발전 속도가 빠른 시대에는 더더욱 게임의 과학적인 측면이 강조되는 듯합니다. 그래픽 카드가 훌륭할

수록 게임의 디자인적인 요소는 더욱 디테일하게 표현됩니다. 실제 공간인 것처럼 느껴지도록 마을을 만들고 나무와 풀도 만들 수 있습니다. 캐릭터의 외형뿐만 아니라 움직임 또한 자연스럽게 표현할 수 있을 것입니다. 또한 서버나 게임 엔진 등의 기술은 게임에 얼마나 많은 플레이어가 동시에 접속하여 플레이할 수 있는지를 결정짓는 중요한 요소이기도 합니다. 엄청난 양의 정보를 플레이어가 실시간으로 주고받을 수 있도록 지원하고 다양한 물리 엔진이나 모션 그래픽 등도 가능하게 하는 것은 과학적인 컴퓨터 기술이 뒷받침되어야만 합니다.

결론적으로 말하면 디지털 게임은 과학이면서 예술이라고 할 수 있습니다. 창의적인 아이디어와 세상을 향한 메시지를 지향하고 플레이어의 경험에서 비롯되는 예술적 가치를 추구하는 것이 게임이지만, 또 한편으로는 과학적인 논리 체계와 기술의 발전이 없었다면 과연 게임이라는 뉴미디어가 세상에 탄생할 수 있었을까 하는 의문이 듭니다. 결국 게임은 과학적인 토대에 세워진 예술 작품이라고 볼 수 있지 않을까요?

최초의 게임은 해커들의 놀이터

최초의 게임은 과학자에 의해 개발되었습니다. 최초의 게임이 무엇인지에 대해서는 늘 의견이 분분합니다. 그래도 일반적으로는 1958년 브룩헤이븐연구소의 윌리엄 히긴보섬^{William Higinbotham}이 만든 〈테니스 포 투^{Tennis for Two}〉를 최초의 게임으로 보는 경우가 많습니다.

최초의 게임

테니스가 어떤 스포츠인지는 다 알고 있죠? 〈테니스 포 투〉는 실제 테니스 경기를 옆에서 보는 것처럼 표현되어 있어요. 스크린

가운데 그리 높지 않은 네트가 있고, 이를 중심으로 좌우로 테니스 공이 포물선을 그리면서 왔다 갔다 할 수 있습니다. 플레이어는 방향 키와 버튼만으로 이 공의 움직임을 조정할 수 있어요. 마치 테니스 선수가 라켓으로 공을 쳐서 네트 너머로 넘기는 것과 같은 방식으로 진행됩니다. 다른 점이 있다면 플레이어의 모습을 대신하는 캐릭터가 존재하지는 않는 것입니다. 점수 또한 매겨지지 않았어요. 조이스틱을 간단히 움직여서 컴퓨터 화면을 조작할 수 있다는 것만 보여 주죠. 히긴보섬은 컴퓨터라는 새로운 기술로 뭔가 재미있는 것을 만들 수 있지 않을까 하는 생각으로 이 게임을 만들었다고 해요. 그렇기 때문에 판매할 생각은 하지 않았죠. 주로 자신의 연구소를 방문하는 방문객에게만 공개했습니다. 재미있는 경험이 될 수 있겠다고 생각하고 말이죠.

슈팅 게임의 원조

1961년에 MIT^{Massachusetts Institute of Technology} 학생인 스티브 러셀 ^{Steve Russell}이 개발한 〈스페이스워!^{Spacewar!}〉라는 게임을 들어 본 적이 있을까요? 검정색 화면 중심부에 두 대의 우주선이 있고, 서로 미사일을 쏘아 맞혀서 이기는 방식입니다. 세계 최초로 디지털 방식을 이용해서 만든 게임으로 알려져 있고, 오늘날 여러분이 많이 하는 슈팅 게임의 원조라고도 할 수 있습니다.

흥미로운 것은 게임을 만든 방식입니다. 러셀은 최초의 게임 세대를 이끌었던 사람인데요, 사실 해커 출신입니다. 지금은 해커라고 하면 비밀스러운 고급 정보를 빼돌리거나 하는 범죄자를 떠올리는 경우가 많지만 원래 해커 문화는 건전한 정신을 지향합니다. 해커는 새로운 혁신이나 발명을 즐거워하는 사람들의 모임이었습니다. 때문에 정보를 나누고 힘을 합쳐 문제를 해결하는 것을 좋아했죠. 러셀 역시 우주 전쟁을 모티프로 한 게임을 개발하기 위해서 게임 프로그램 소스를 동료들에게 공개합니다. 그리고 여러 명의 공학자와 함께 집단 지성을 통해 프로그래밍을 완성하기에 이릅니다.

함께 상상해 볼까요? 1961년으로 돌아가 MIT의 한 연구실 책상을 떠올려 보세요. 러셀이 프로그램 언어를 열심히 공부하다가 아이디어가 떠올랐는지 갑자기 프로그래밍을 합니다. 꽤 몰입해서 컴퓨터를 두드리다 보니 시간 가는 줄 몰랐나 봐요. 약속 시간에 늦었다는 것을 알고는 서둘러 짐을 정리합니다. 작업물을 저장하기는 했지만 바쁘게 정리하다 보니 컴퓨터를 끄지 않고 연구실을 빠져나갑니다. 러셀이 연구실을 떠나고 잠시 뒤 러셀의 동료가 연구실 책상에 앉습니다. 당시는 컴퓨터가 귀했기 때문에 학생들은 컴퓨터를 공용으로 써야 했습니다. 컴퓨터에서 생전 보지 못했던 프로그램을 발견하고 실행시켜 봅니다. 도트로 만들어진 검은색 우주선이 화면을 돌아다녀요. 키보드를 눌렀더니 우주선에서 미사일이 발사됩니다. 무슨 프로그램인지 궁금했던 동료는 소스코드를 열어 봅니다. 그리고 러셀이 다 완성하지 않은 코드를 이어서 짜기 시작합니다. 혼자 흐뭇한 미소를 지으며 말이죠.

다음 날 연구실에 도착한 러셀은 하던 작업을 계속하기 위해서 프로그램을 실행시키고 놀라겠죠? 하지만 기분 나빠 하지 않습니다. 누가 작업한 것인지는 모르지만 동료의 프로그래밍이 마음에 들었거든요. 자신은 우주선과 미사일만 화면에 띄워 보았는데 동료는 두 대의 우주선이 서로 미사일을 쏘는 규칙을 추가했습니다. 미처 생각하지 못했던 부분이었기에 무척 흥미롭게 느껴집니다. 때문에 러셀은 집단 지성을 이용한 자발적 개선으로 완성되어 가는 게임 프로그래밍을 기대합니다. 아예 게임 프로그래밍 소스를 공개하고 여러 사람과 함께 게임을 개발해 나가기 시작합니다. 어떤 사람은 실제 은하계를 배경으로 집어넣었고, 어떤 사람은 중력 시스템을 게임에 넣습니다. 그 외에도 태양풍을 구현하거나 사운드를 표현하기도 했어요. 그렇게 완성된 게임이 〈스페이스워!〉입니다. 당시 해커 문화를 고려하여 저의 상상이 덧붙여진 상황이지만 말입니다.

상업적인 게임기의 개발

1972년 상업적인 성공을 거둔 최초의 게임이 등장합니다. 바로 아타리사에서 근무하던 놀런 부슈널Nolan Bushnell이 만든 〈퐁Pong〉이라는 게임이에요. 〈스페이스워!〉를 만든 과정에서도 볼 수 있듯이 〈퐁〉 이전까지 게임은 실험적인 도전의 결과물로 인식될 뿐이었습니다. 때문에 게임으로 수익을 창출하겠다는 생각은 못 했던 거죠. 해커 문화의 연장선상에서 혁신적인 기술을 선보이고 개발하는 데만 집중한 것입니다. 부슈널 역시 해커의 전통을 어느 정도 이어가길 원했지만, 한편으로는 개발자들의 실험의 장으로만 남기에는 아깝다는 생각을 했습니다. 놀이 문화라는 관점에서 게임의 미래를 내다보았던 것이죠.

〈퐁〉은 최초의 게임이라고 하는 〈테니스 포 투〉와 비슷한 면이 있어요. 〈테니스 포 투〉가 테니스를 치는 측면 모습을 화면에 재현했다면 〈퐁〉은 탁구 경기가 벌어지는 경기장을 위에서 내려다보는 방식으로 구성합니다. 플레이 방식은 탁구의 규칙을 그대로 따르고 있습니다. 〈테니스 포 투〉와 마찬가지로 네트를 중심으로 자신의 플레이 영역에 넘어온 작은 탁구공을 쳐서 상대편 영역으로 넘겨야 합니다. 다만 차이가 있다면 〈퐁〉에는 중앙 네트를 중심으로 좌우에 라켓을 배치했습니다. 이것은 사실 엄청난 의미가 있는 발전입니다. 이전까지는 플레이어를 염두에 두지 않고 화면을 구성했지만, 라켓이 화면에 등장하는 순간부터 게임은 플레이어라는 존재를 인식하기 시작했음을 의미하거든요. 플레이어가 어떤 식으로든 움직임에 개입할 것이라는 것을 염두에 둔 셈입니다.

뿐만 아니라 점수 시스템을 도입해 공격에 성공할 때마다 1점씩 올라갑니다. 11점을 먼저 따는 플레이어가 결국은 승리한다는 규칙을 부여한 것이죠. 오늘날의 게임처럼 승패가 있는 게임을 만드는 조건이 하나둘 추가되기 시작한 것입니다.

사람들은 열광했습니다. 당시만 해도 오늘날과 같은 오락실이 없었어요. 기껏해야

엄청난 인기를 끌었던 〈퐁〉 게임기

펍^{Pub} 같은 대중 술집에 있는 핀볼 게임기나 다트가 전부였죠. 이런 시대에 〈퐁〉 게임기가 등장했던 겁니다. 얼마나 인기가 있었던지 핀볼 게임기 판매량의 4~5배에 이르렀다고 합니다. 뿐만 아니라 동전을 너무 많이 넣어서 게임기가 고장 나는 일도 빈번했습니다. 사업에 재미를 본 아타리사는 곧 가정용 〈퐁〉 게임기도 선보입니다. 〈퐁〉 게임기는 큰 인기를 얻으며 본격적으로 비디오 게임의 시대가 열립니다.

죽지 않는 '목숨'의 등장

1978년 일본도 게임 개발에 박차를 가하기 시작합니다. 일본의 타이토사에서 〈스페이스 인베이더^{Space Invaders}〉를 출시합니다. 본격적인 슈팅 게임의 시작이라고도 말할 수 있습니다. '쏘고 맞힌다'라는 개념뿐만 아니라 방해물을 이용하여 '피하기'가 가능하도록 설계됐습니다. 사실 〈스페이스 인베이더〉가 등장하기 전까지는 플레이어 캐릭터는 움직이더라도 적은 움직이지 않았습니다. 이 게임에서 적이 좌우로 움직이며 플레이어 캐릭터를 향해 밑으로 점점 내려오는 움직임에 대해 찬반 논란이 일었습니다. 결과적으로는 대성공이었지만 말이죠.

뿐만 아니라 이 게임에는 '목숨'이라는 개념이 도입되었습니다. 이전의 게임들은 플레이어가 죽으면 게임이 바로 끝나 버렸습니다. 그러면 다시 처음부터 게임을 시작해야 했어요. 하지만 〈스페이스 인베이더〉는 캐릭터가 죽더라도 목숨을 사용해서 바로 그 자리에서 다시 전투를 이어 갈 수 있다는 장점이 있었습니다. 게임 오버를 연장시키는 매우 매혹적인 시스템이 분명합니다. 스테이지 개념도 이때 도입되었는데, 만약 게임 오버 하지 않고 적을 모두 무찌른다면 조금 더 복잡하고 어려운 스테이지로 이어집니다. 플레이어는 끝나지 않는 게임을 단계적으로 플레이하는 경험을 얻을 수 있었습니다. 그야말로 아케이드 게임의 전성기였다고 볼 수 있겠습니다.

단순함의 힘, 팩맨

1982년 아타리사는 드디어 〈팩맨Pac-Man〉을 출시합니다. 저는 어릴 적 〈팩맨〉을 엄청 즐겁게 하던 기억이 있습니다. 여러분이 설령 이 게임을 해 보지 못했더라도 캐릭터를 모르는 사람은 없을 겁니다. 노란색의 아주 단순화된 캐릭터는 옷이나 문구류 등의 캐릭터 상품에도 많이 쓰이고 있죠. 게임에서는 노란색 캐릭터가 입을 벌

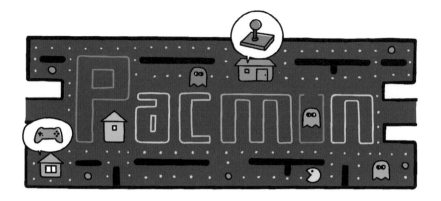

리면서 미로를 돌아다닙니다. 보자기를 덮어쓴 유령같이 생긴 녀석과 마주치면 바로 사망하죠. 이 녀석들이 없는 길을 잘 찾아 돌아다니면서 길에 뿌려진 콩알 같은 점을 먹어야 해요. 구석구석 있는 콩알들을 다 먹어야만 다음 스테이지로 넘어갈 수 있습니다. 미로 중간중간에는 조금 크고 반짝거리는 동그라미도 있는데요. 이 동그라미를 먹으면 일정 시간 동안 유령을 잡아먹고 점수를 높일수가 있어요. 맨날 피해만 다니던 녀석을 잡아먹을 수 있다는 쾌감이 어찌나 크던지, 구석에 녀석들을 몰아넣고 한꺼번에 두세 마리잡아먹으면 그날은 정말 모든 운을 다 쓴 것처럼 느껴졌어요. 지금 생각해도 짜릿합니다. 이 게임의 매력에는 사운드도 한몫합니다. 그야말로 오락실에서 흔히 들리는 소리예요. 사이렌 소리와 각종 기계음이 플레이어의 액션 하나하나에 즉각적으로 반응합니다. 특히 캐릭터의 움직임에 따른 게임 사운드는 즉각적으로 반영되기 때문에 플레이어 입장에서는 액션을 하는 즐거움을 배로 느낄 수 있습니다.

가정용 아케이드 게임의 몰락

선풍적인 인기를 끌었던 아케이드 게임과 가정용 게임기의 선구자, 아타리의 전성기는 그리 오래가지 않았습니다. 승승장구할 줄로만 알던 아타리사는 〈팩맨〉과 함께 출시한 게임 〈이티^{E.T.}〉를 기점으로 급격한 하락세를 겪습니다. 아타리 쇼크라고도 불리는 아타리사의 패망은 사실 〈이티〉 때문이라고만 할 수는 없습니다. 하지만 게임 〈이티〉가 만들어진 과정과 그 결과물이라고 할 수 있는 디자인을 보면 잘나가던 아타리가 어떻게 그렇게 급작스러운 쇠락의 길을 걷게 되는지를 이해할 수 있습니다.

게임 〈이티〉는 지금까지도 회자되는 스티븐 스필버그 감독의 영화 〈이티〉를 원작으로 합니다. 영화는 보지 않았어도 주인공이 어떤 캐릭터인지는 잘 알고 있죠? 온몸이 주름으로 덮여 있고 머리가 크고 배가 뿔뚝 나온 모습이죠. 이티를 자전거 앞 바구니에 태우고 하늘로 날아가는 대표적인 이미지와 이티의 긴 손가락과 소년의 손가락이 맞닿는 이미지는 모두에게 익숙할 것입니다.

원작 영화의 인기가 어마어마했기 때문에 게임 개발진은 게임으로 만들면 역시나 성공할 것이라고 예측했고, 막대한 로열티를 주고 원작을 사게 됩니다. 게임은 간단해요. 플레이어는 게임에 등장하는 이티를 조정해서 여기저기 숨겨진 통신기를 모아야 합니다. 통신기를 다 모으면 외계로 SOS를 보낼 수 있고, 그러면 이티를 고향으로 보낼 수 있거든요. 일종의 어드벤처형 퍼즐 게임이에요. 머릿속으로 게임 플레이를 생각해 보면 꽤 재미있을 것 같지 않나요? 게임의 목적이 분명하고, 목적을 이루기 위한 구체적인 단계도 잘 설계되어 있으니 말이죠.

하지만 게임 플레이는 생각과 다릅니다. 게임은 불친절했고 녹색 괴생명체는 영화 속에서 보던 이티와는 정말 다른 모습이었어요. 게임에 구현된 퍼즐도 수준이 낮은 것이고 조작 방식도 조잡했습니다. 사운드 역시 귀를 찢는 듯해서 대중은 실망을 금치 못했죠. 왜 게임 개발사는 이런 게임을 만들 수밖에 없었을까요? 지금도 그렇지만 잘 만든 게임은 그만큼의 시간과 노력이 필요합니다. 당연히 자본도 필요하고요. 당시만 해도 게임을 개발하는 데 걸리는 시간이 평균적으로 5~6개월 정도 소요됐어요. 그런데 〈이티〉는 겨우 10분의 1인 5주 만에 후다닥 만들어졌습니다. 실패는 불 보듯 뻔한 것이었어요.

아타리사는 가정용 게임기를 보급하는 회사이면서 동시에 게임 콘텐츠를 개발하는 개발사이기도 했습니다. 사실 중요한 것은 게임기라는 하드웨어가 아니라 어떤 게임을 플레이할 수 있느냐 하는 소프트웨어, 즉 콘텐츠의 문제입니다. 플레이어는 결국 게임 플레이의 경험을 중요하게 생각하니까요.

플레이어는 점점 더 많은, 다양한 게임을 플레이하고 싶어 했습니다. 게임 콘텐츠 자체를 아타리사 혼자 감당하는 것은 문제가 있었죠. 그렇기 때문에 여러 회사에 게임을 의뢰했어요. 게임 개발을 의뢰받은 회사를 서드 파티^{Third Party}라고 합니다. 문제는 아타리사가 이 개발사의 관리를 소홀히 한 데서 발생합니다. 개발 시간을 짧게 주고 관리도 제대로 하지 않았기 때문에 흥미롭고 재미있는 게임이 탄생하기가 쉽지 않았던 거예요. 서드 파티 개발사는 파산하기에 이르렀고 그 영향으로 결국 아타리사 역시 버티기 어려웠던 겁니다.

어드벤처 게임의 등장과
그래픽 기술의 발전

비록 아타리사가 실패하기는 했지만 아케이드 게임기와 가정용 게임기의 등장은 게임이 엔터테인먼트 콘텐츠가 될 수 있고 산업적으로 성공할 수 있다는 것을 입증하는 계기가 되었습니다. 그렇기 때문에 게임 개발에 관심 있는 많은 사람은 어떻게 하면 더 흥미롭고 재미있는 게임을 만들 수 있는지 고민하기 시작했어요. 컴퓨터 기술을 이용해서 어떤 경험을 하게 해야 흥미롭게 느낄 수 있을까, 컴퓨터 너머에 있는 사이버 공간을 어떻게 묘사할 수 있을까, 눈에 보이지는 않지만 분명 존재하는 컴퓨터 공간을 돌아다니면서 지금까지 경험하지 못했던 모험을 만들 수는 없을까, 이런 고민을 하게 된 거죠.

괴물이 우글거리는 던전 탐험

1980년 MIT 인공지능 연구팀은 〈조크^{Zork}〉라는 역사적인 게임을 만들어 냅니다. 훗날 그래픽 기술이 더해져서 출시되긴 했지만, 처음에는 텍스트만으로 진행되는 게임이었습니다. 우리는 이런 게임을 MUD^{Multi-User Dungeon}라고 부릅니다. MUD(머드) 게임은 텍스트 기반으로 만들어졌으며 대부분 괴물이 대거 포진한 소굴인 던전을 탐험하는 내용을 담고 있습니다. 〈조크〉 역시 그렇습니다. 게임을 실행하면 검정색 바탕 화면에 텍스트가 표시됩니다. 텍스트는 플레이어가 지금 위치하고 있는 주변 환경을 묘사하면서 플레이어로 하여금 어떤 액션을 취할 것인지를 정해서 자판에 타이핑하도록 합니다. 예를 들어 볼까요?

당신은 들판에 있는 어느 하얀 집 앞에 서 있습니다. 그런데 이 집으로 들어가는 문은 큰 나무판자로 막혀 있네요. 주위를 둘러보니 작은 우체통이 하나 있습니다.

여기까지 텍스트가 쓰이며 컴퓨터 화면에 커서가 깜빡거립니다. 자, 이제 플레이어의 차례입니다. 플레이어는 자신이 하고 싶은 행동을 키보드로 입력하면 됩니다. 만약 문을 두드리고 싶으면

81

'Knock the door'라고 칩니다. 집 주변을 더 둘러보고 싶다면 'Walk around the house'라고 입력합니다. 그러면 그에 맞는 답이 다시 텍스트로 화면에 표시됩니다. 예를 들어 '주위를 둘러봤지만 집으로 들어갈 수 있는 입구는 없어 보입니다'라는 식으로요.

우체통을 열어 보고 싶다면 'Open the mailbox'라고 쓰면 돼요. 드디어 조금은 의미 있는 답이 보입니다. 우체통이 열리고 안내장을 하나 받았다는 메시지입니다. 그리고 '조크의 세계에 오신 당신을 환영한다'는 메시지를 읽습니다. 드디어 본격적인 게임을 시작하는 거예요. 〈조크〉의 게임 세계에 들어간 플레이어는 들판에 떨어져 있는 무기를 찾아 던전으로 들어가고 무시무시한 괴물을 무찌르는 모험을 경험합니다.

AI가 이끈 게임의 발전

컴퓨터와 대화를 주고받으면서 게임을 진행한다는 것이 꽤나 흥미롭지 않나요? 오늘날 많이 사용하는 AI^{Artificial Intelligence} 스피커 또는 핸드폰에 탑재되어 있는 개인 비서 시리나 빅스비, 그리고 다양한 AI 채팅 프로그램 등을 떠올렸다면 여러분이 텍스트 게임의 본질을 꿰뚫고 있다는 증거입니다. 무슨 말이냐고요? 통신상에서 여

러 명이 한꺼번에 즐기는 머드 게임인 〈조크〉의 작동 원리를 생각
해 보면 오늘날 대화 프로그램의 알고리즘과 매우 비슷하다는 것
입니다. 어찌 보면 AI 대화 프로그램의 시작이 텍스트 게임이 아니
었나 싶을 정도로 말이죠.

　사실 역사적으로 따져 보면 〈조크〉처럼 명료한 명령 체계를 프
로그래밍한 것은 1966년 〈엘리자ELIZA〉부터였어요. 〈엘리자〉는 명
확하게 말하면 게임이 아닙니다. MIT 컴퓨터공학자 요제프 바이
첸바움Joseph Weizenbaum이 개발한 일종의 컴퓨터와의 대화 프로그램
이에요. 시리, 빅스비와 같은 인공지능 프로그램, 최근 등장해서
문제를 낳았던 챗봇 '이루다'의 원조라고 볼 수 있습니다. 이런 프
로그램의 기본적인 원리는 언어가 가지고 있는 규칙성에 기반합
니다.

예를 들어서 '모든 사람이 나를 조롱해요'라는 텍스트를 사용자가 입력하면 컴퓨터는 '당신이 특히 그렇다고 생각하는 사람은 누구인가요?'라고 되묻고, 그러면 다시 그 물음에 대답하면서 대화를 이어 나가는 식이죠. 사실 이런 대답이 가능한 것은 언어가 굉장히 논리적이고 체계적인 성격, 고정적인 규칙성을 내재하고 있기 때문이에요. 모든 언어는 문법이라는 법칙에 지배를 받습니다. 우리나라 말로 따지자면 주어 다음에 목적어가 오고 그다음 동사가 온다, 영어의 경우에는 주어 다음 동사가 오고 그다음에 목적어가 온다, 목적어가 올 수 있는 동사는 어떤 동사들이다, 뭐 이런 규칙을 말합니다.

만약 '모든 사람이 나를 조롱해요'라고 사용자가 말한다면 컴퓨터는 문장을 분석하겠죠. '주어＋목적어＋동사'로 이루어진 문장이다, 라고 말입니다. 그리고는 이 문장을 의문문으로 바꾸는 작업을 진행합니다. 주어 자리에 미지의 누군가를 묻는 '누가'라는 말을 넣고 원래의 주어를 목적어로 바꾼 다음 같은 동사를 의문형으로 만들어 질문형 문장을 만드는 것이죠. '누가 당신을 조롱하나요?'라고 말입니다. 〈엘리자〉가 만들어 내는 대화의 기술이 얼마나 탁월했는지 당시 이 프로그램을 사용하던 사람들은 컴퓨터 너머에 있는 실제 사람이 상담을 해 준다고 생각했대요.

뿐만 아니라 〈조크〉와 같은 머드 게임은 비록 검은 화면에 흰 텍스트로 쓰인 문자를 보면서 게임 세계를 탐험하는 것이 전부였지만, 플레이어들은 그래픽으로 보이는 공간보다 더 리얼하고 구체적인 공간을 느끼면서 플레이했다고 합니다. 플레이어의 상상력이 그림보다 더 디테일하고 선명한 이미지를 만들어 낸 것이죠.

PC의 보급, 그래픽 기술의 발전

게임의 발전은 여기서 끝나지 않습니다. 사무실이나 대학 연구실에만 공용으로 있던 컴퓨터가 대량으로 생산되자 개개인이 컴퓨터를 하나씩 갖게 되는 퍼스널 컴퓨터Personal Computer의 시대가 도래합니다. 이 퍼스널 컴퓨터의 첫자를 따서 오늘날 우리가 컴퓨터를 PC라고 부르는 거예요. 그리고 퍼스널 컴퓨터의 발달은 어드벤처 게임의 새로운 시발점을 만들어 냅니다. 더 나아가 컴퓨터를 이루는 부품 가운데 하나인 그래픽 카드가 점점 발달하자 텍스트 기반의 게임은 그래픽 이미지를 담아내는 어드벤처 게임 장르로 발전하기 시작합니다. 코믹한 것은 더욱 재미있게, 무서운 것은 더욱 무섭게, 신비하고 흥미진진한 모험은 긴장감을 배가시키는 고품질의 게임으로 발전합니다.

앞서 언급했듯이 〈조크〉도 그래픽 요소를 추가한 새로운 버전이 출시되기도 했어요. 유튜브에는 두 개의 버전을 담은 영상이 있습니다. 한번 비교해 보면 흥미로울 거예요.

 그래픽 기술은 어드벤처 게임의 발전을 가속화시켜 1984년에는 최초의 3인칭 어드벤처 게임인 〈킹스 퀘스트King's Quest〉가 등장합니다. 오늘날의 게임을 생각하면 이 게임의 그래픽은 참 어이가 없다고 생각할 수도 있어요. 정말 단순하거든요. 하지만 도트를 이용해서 공간의 구성이나 깊이를 잘 표현한 것도 사실입니다. 무엇보다 플레이어가 조종해야 하는 인간형 플레이어 캐릭터를 화면에 등장시켰다는 점이 게임의 역사에서 중요한 부분을 차지합니다. 플레이어는 자신의 페르소나Persona라고 할 수 있는 캐릭터를 직접적으로 조정하면서 게임 내 여러 가지 미션을 수행하고 공간을 탐험

합니다. 점점 오늘날 게임의 형태를 갖춰 가고 있었던 셈입니다.

어드벤처 게임, 정점을 찍다

어드벤처 게임의 정점이라고 일컫는 작품 하나를 더 살펴볼까요? 바로 1990년 발매된 〈원숭이 섬의 비밀The Secret of Monkey Island〉입니다. 이 게임이 출시되었을 때 사람들은 깜짝 놀랐다고 합니다. 5.25인치 플로피디스크 9장에 게임이 담겨 있었기 때문입니다. 오늘날 게임의 용량과는 비교할 수 없겠지만 하드디스크도 없던 당시에는 플로피디스크 9장을 일일이 바꿔 가면서 플레이해야 했습니다.

이 작품은 정말 잘 짜인 스토리와 반전으로 플레이어에게 만족감을 줍니다. 스토리만으로 본다면 큰 예산으로 만든 여느 어드벤처 영화의 스토리와 비슷한 수준이에요. 만일 이 게임이 영화로 만들어졌다면 우리는 해적을 꿈꾸는 주인공이 여자 친구를 구하고 정말로 해적이 될 수 있을까 궁금해하면서 끝까지 영화를 감상하겠죠. 게임에서도 마찬가지입니다. 플레이어는 자신의 캐릭터가 처음 품었던 목적(해적 되기)을 달성하기 위해 최선을 다합니다. 아주 진지한 태도로 말이죠. 특히 주인공뿐만 아니라 등장하는 모든 캐릭터가 매력적으로 설계되어 있어서 플레이하는 도중에 다양한 재미를 맛볼 수 있습니다.

흥미로운 점은 특유의 유머 감각이 있다는 것입니다. 모험을 이끌어 가는 분위기 자체가 유머러스해요. 특히 주인공이 해적들과 싸우는 부분에서 유머가 최고조에 이릅니다. 그렇다고 해서 상스러운 욕이 등장하는 것은 아니에요. 상대방의 말을 얼마나 재치 있게 받아치느냐에 따라 승부가 갈립니다. 예를 들어 해적이 "다가오기만 해도 사람들은 내 발밑에 쓰러지지!"라고 하면서 플레이어를 위협하는 장면이 있어요. 그러면 플레이어는 "네 입 냄새를 맡고?"라고 받아쳐야 하는 식이죠. 칼이 아니라 말로 적을 쓰러뜨리는 것입니다. 때로는 비아냥거리기도 하고 배꼽을 잡는 대사가 등장하기도 합니다. 폭력적인 요소를 배제하고 패러디와 풍자를 게임에 잘 반영했습니다.

게다가 게임이 시작되면 지금까지도 유명한 오프닝 음악이 나옵니다. 이 음악의 멜로디는 중독성이 매우 강해서 지금도 수많은 마니아들이 UCC^{User Created Contents}로 리메이크하기도 합니다. 유튜브에서 찾아보면 게임을 이해하는 데 더 많은 도움이 될 거예요.

5편까지 이어진 〈원숭이 섬의 비밀〉

'진정한 어드벤처 게임이란 이런 것이다'를 보여 준 〈원숭이 섬의 비밀〉은 그 인기에 힘입어 5편까지 연이어 출시되었어요. 2편에서는 해적이 된 주인공이 빅 우프라는 보물을 찾기 위해 모험을 떠나는 스토리텔링이 반영된 것으로 시리즈 중에서 최고의 작품이라는 평가를 받습니다. 3편에서는 텍스트로 대사를 주고받던 방식에서 벗어나 음성 더빙에 도전합니다. 거의 애니메이션과 유사한 수준의 화려한 그래픽도 볼 만합니다. 4편에서는 3D 그래픽을 도입합니다. 화려한 연출이 돋보이고 지금까지 마우스로 조작하던 방식에서 벗어나 키보드를 통해 캐릭터의 움직임이나 게임 내 인터랙션^{Interaction}을 진행합니다. 그리고 2009년에 마지막 5편이 출시됩니다. 최근에는 1편을 화려한 3D 그래픽으로 리메이크해서 출시했어요. 물론 여러분도 플레이해 볼 수 있고요. 느낌이 어떤지만 보고 싶다면 대도서관 같은 유명 크리에이터들이 플레이한 영상을 찾아봐도 좋습니다.

어드벤처 게임은 굉장한 AI 프로그래밍을 설계하거나 모든 대화를 인식하는 시스템을 만들기 위해 도전하는 것이 아니라면 다른 어떤 장르보다 기술적인 어려움에서 자유롭습니다. CPU^{Central Processing Unit}의 한계에 큰 영향을 받지 않고 기술적인 도전이 없어도 스토리의 힘으로 훌륭한 어드벤처 게임을 만들 수 있어요. 어드벤처 게임에서 가장 중요한 것은 창조적인 도전이라고 할 수 있습니다.

어드벤처 게임의 디자이너들은 단순히 스토리를 짜는 것이 아니라 스토리가 존재하는 세계를 창조하는 것이라고 말하기도 합니다. 다른 어떤 장르보다 장소를 설정하는 능력이 탁월하고 캐릭터를 설계하는 능력, 인과 관계를 설정하고 대화를 만드는 능력, 그리고 미로와 퍼즐을 만드는 능력을 뽐내고 싶고 경험해 보고 싶다면 어드벤처 장르와 잘 어울릴 거예요. 꿈꾸는 세계를 현실화하고 싶고 또 좋은 시나리오를 가지고 있다면 훌륭한 어드벤처 게임으로 재탄생할 수 있는 원석을 품고 있는 셈입니다.

비교 사절, 게임은 게임일 뿐

어드벤처 게임이 등장하고 게임은 급속도로 발전합니다. 머릿속으로만 상상하던 것을 실제로 보고 경험할 수 있게 되니 그 발전 속도는 어마어마했습니다. 게임은 다양한 장르로의 분화를 꾀하게 되었고, 솔로 플레이뿐만 아니라 다중 플레이가 가능한 기술이 개발되었습니다. 기술적으로, 산업적으로 그리고 대중에게 사랑을 받기 시작하면서 학문의 영역에서도 게임을 주목하기 시작합니다. 새로운 미디어가 등장하고 사람들이 이 미디어를 즐기고 향유하기 시작하자 게임이라는 뉴미디어를 어떻게 바라봐야 하는지에 대해 성찰하게 된 것입니다.

게임을 학문의 영역으로 편입시키려는 노력은 크게 두 학파를 중심으로 진행되었습니다. 게임을 게임으로 봐야 한다는 루돌로지

Ludology 학파와 게임은 문학에서 비롯되는 이야기 예술의 진화로 봐야 한다는 내러톨로지Narratology 학파가 바로 그것입니다.

게임의 독립성과 규칙성

루돌로지 학파는 게임을 독립적인 분야로 여기며, 게임에서 가장 중요한 것은 규칙이고 이에 따른 행동의 법칙을 통합하고 모델링하는 것에 초점이 맞춰져 있다고 주장합니다. 풀어서 얘기하자면, 게임에서 규칙을 빼면 '팥소 없는 찐빵'과도 같다는 말입니다. 게임을 작동시키는 모든 원리는 바로 규칙에 의한 것이고, 규칙 때

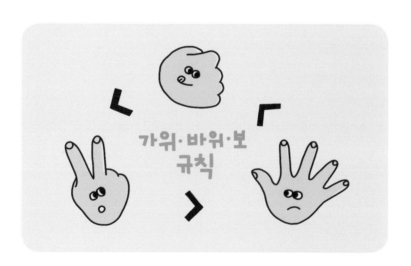

가위·바위·보 규칙

문에 플레이어는 특정한 행동을 했을 때 정해진 대로 결과값을 갖게 된다는 것입니다. 가위바위보처럼 말입니다.

여러분이 플레이하는 디지털 게임에서도 이 법칙은 당연히 적용됩니다. 특정 무기의 대미지값은 늘 같죠. 총을 쏠 때마다 다른 대미지를 입힌다면 플레이어는 계획적으로 게임을 진행할 수 없을 것입니다. 루돌로지 학파는 이런 게임의 특성에 주목합니다.

게임은 문학과는 달라서 문학처럼 인물(게임의 캐릭터)에 집중하지 않습니다. 그렇기 때문에 루돌로지 학파는 게임을 기존의 서사학의 잣대로 분석해서는 안 된다고 강조합니다. 게임을 서사의 잣대로 바라본다는 것은 이야기의 3요소인 인물, 사건, 배경을 게임에서도 분석해 내고, 이야기의 최소 조건이라고 할 수 있는 사건이 일어나는 패턴인 플롯을 분석해야 하는데 그렇게 하면 게임은 천편일률적인 결론에 도달할 수밖에 없다는 의견이죠.

게임은 이야기 예술의 진화

내러톨로지 학파는 게임이 소설이나 영화 등 기존 서사물의 연장선에 있다고 주장합니다. 소설이 발전해서 등장하게 된 미디어가 영화라면, 영화 기술이 발전해서 등장한 미디어가 바로 게임이

라는 것입니다. 게임을 시각 미디어의 진화라는 관점에서 파악해 보려고 한 것이죠. 일종의 진화론적인 판단입니다.

구텐베르크가 활판 인쇄술을 발명하자 구전으로 내려오던 이 야기는 책이라는 새로운 미디어로 탄생했습니다. 책이 만들어지 고 난 다음부터 사람들은 책을 구입하거나 빌려서 혼자 집에서 조 용히 읽으며 이야기를 향유할 수 있었어요. 그러다가 영사기가 발 명되었고 사람들은 움직이는 이미지에 이야기를 옮기기 시작합니 다. 머릿속으로 상상만 하던 이미지를 이제 시각적으로 직접 경험 할 수 있게 된 거예요. 기술은 점점 발전해서 영화는 무성 영화에 서 유성 영화로, 흑백 영화에서 컬러 영화로 발전합니다. 그야말로 총천연색의 움직이는 이미지와 실감 나는 사운드로 이야기를 향유하게 된 것입니다. 그리고 컴퓨터라는 기계의 발명은 상호작용이 가능한 게임의 등장을 만들었다는 것입니다. 소설의 연장선에서 영화를, 그리고 영화의 연장선으로 게임을 바라보는 시각이 내러톨로지 학파의 입장입니다.

두 견해의 대립

두 학파의 싸움은 치열했어요. 서로의 주장을 발표하고 또 반박하기도 했습니다. 이렇게 그들의 주장에 차이가 생긴 까닭은 게임의 본질에 대한 생각이 다르기 때문인데요. 게임을 독자적인 학문 분야로 인정해야 한다고 주장한 루돌로지 학파는 주로 게임을 공학적인 관점에서 바라보았습니다. 당연히 게임 프로그래머 출신이 많았죠. 반면 내러톨로지 학파는 소설이나 영화 등의 서사를 연구한 학자가 대부분이었어요. 그러니 게임에 내재해 있는 이야기적인 요소에 주목했던 거예요.

더군다나 기존 학문 체계에서는 없었던 새로운 형태의 미디어가 등장했잖아요. 이 새로운 밥그릇을 차지하기 위해 경쟁하는 것은 어찌 보면 당연한 일이었습니다. 하지만 맹점도 있었죠. 기본적으로 두 학파가 자신의 주장에 근거로 제시한 게임들은 그들의 논리를 뒷받침해 주는 특정 게임이었기 때문입니다. 예를 들면 루돌로지 학파는 스토리적인 요소가 없는, 규칙과 시스템이 강조된 슈팅 게임이나 1인칭 슈팅 게임 FPS^{First-Person Shooter} 장르를 예로 들어 설명했습니다. 반면 내러톨로지 학파는 게임 중에서 스토리가 강조되는 어드벤처 게임이나 RPG^{Role-Playing Game} 사례를 들었어요. 두 학파 모두 다소 편파적으로 주장했던 거예요. 그러니 당연히 허점이 많았겠죠?

게임 산업은 급속도로 발전하고

두 학파의 논쟁보다 중요했던 것은 바로 게임 산업의 발전입니다. 게임은 학문적인 논의와는 상관없이 대중을 위한 콘텐츠로 발전했습니다. 게임 개발사들은 대중이 더 좋아할 만한 게임을, 대중에게 잘 팔릴 만한 게임을 만드는 데 치중했고, 컴퓨터 관련 기술은 급속도로 발전했습니다. 때문에 대중이 좋아하는 게임은 다양한 방향으로 발전해 나갔습니다. 플롯이 강조된 게임은 마치 영화 같은 느낌을 강화했어요. 반면 엔진과 시스템을 강조한 게임은 타격감과 피격감을 실감 나게 연출할 수 있게 되었죠.

더불어 가장 중요한 것은 잘 섞일 것 같지 않은 이질적인 두 성질이 기막히게 융합되었다는 거예요. 오늘날 여러분이 좋아하는 게임을 생각해 보세요. AI 기술까지 동원한 공학적 기술력이 뒷받침되면서도 플레이하는 내내 감흥을 주는 스토리텔링으로 우리를 만족시킵니다. 그렇다 보니 게임의 성격이 융합을 지향하는 쪽으로 흘러갔습니다. 더불어 학문의 영역에서도 게임을 어느 한쪽의 결과물로만 보기가 어려워졌습니다. 루돌로지와 내러톨로지는 서로의 주장을 받아들이기 시작했고 화해의 손길을 내밀었습니다. 게임이라는 뉴미디어는 융합 학문으로 진정한 발전을 이루기 시작한 것입니다.

융합하며 발전하는 게임

게임은 기술의 발전과 더불어 다양한 장르를 양산해 냈습니다. 장르란 무엇일까요?

여기 광고로 접한 새로운 게임을 시작하려는 두 친구가 있습니다. A는 게임이 다운로드되는 동안 설레는 마음으로 기다립니다. 새로운 게임 세계에서 펼쳐질 모험이 어떨지 너무 궁금하니까요. B도 별반 다르지는 않습니다. 광고로 접한 게임 세계는 너무나도 황홀하고 아름다웠거든요.

드디어 게임이 다운로드되고 두 친구는 플레이 버튼을 누릅니다. 아, 그런데 두 친구의 행동이 사뭇 다릅니다. A는 주변에 있는 NPC로부터 퀘스트를 부여받고 거침없이 게임 공간을 달려 나가며 전투를 수행합니다. 그런데 B는 뭘 해야 할지 몰라서 제자리에서 뱅뱅 돌기만 합니다. 몇 분 지나지 않아 B는 게임창을 닫아 버립니다. 그러고는 프로그램을 삭제합니다.

두 친구는 왜 다르게 행동할까요? 아마도 A는 비슷한 게임을 해 본 적이 있어서 새로 나온 게임도 익숙하게 플레이할 수 있었던 거겠죠. 어떤 액션을 해야 레벨업을 할 수 있는지, 전투를 효율적으로 하려면 어떤 장비가 필요한지 이미 알고 있으니까요. 하지만 B는 이런 종류의 게임을 해 본 경험이 없었기 때문에 낯선 환경에서 뭘 어떻게 해야 할지 갈팡질팡했던 것입니다. A가 게임에 익숙했던 이유도 B가 게임 플레이를 어려워했던 이유도 모두 게임의 장르 때문입니다.

게임의 여러 장르

게임에서 장르는 여러분이 잘 알고 있는 것처럼 게임을 유형화한 분류 체계를 말합니다. 이 단어는 게임에만 쓰이는 개념은 아니고 문학이나 영화 등 많은 문화 예술 분야에서 사용합니다. 문학으로 따지자면 시, 소설, 희곡, 수필, 평론 등 문예 양식의 갈래를 의미하는 말이죠.

처음 장르의 개념은 자연과학에서 차용했다고 해요. 자연계에서 어떤 유사한 특징을 가진 개체끼리 묶은 종種이라는 개념이 있는데, 이를 예술로 가져온 것이죠. 게임에는 대표적으로 어드벤처, 캐주얼, FPS, MMORPG^Massively Multiplayer Online Role-Playing Game, 시뮬레이션, 스포츠, 전략, 격투, 레이싱 등이 있습니다. 이와 같은 장르는 게임 플레이의 내용적인 측면, 즉 소재적인 측면에서 유형별로 구분한 것입니다.

참고로 장르와 플랫폼을 혼동해서는 안 됩니다. 플랫폼은 게임을 플레이할 수 있는 장치적인 분류 체계라고 생각하면 좋습니다. 예를 들면 아케이드, 콘솔, PC, 모바일과 같은 것입니다. 콘솔이라는 플랫폼에는 엑스박스^Xbox, 플레이스테이션, 닌텐도 스위치 같은 하위 플랫폼이 속해 있습니다. 게임을 플레이할 수 있는 새로운 기계가 등장하면 하나의 플랫폼이 더 추가될 수도 있고 하나의 플랫폼 안에 추가될 수도 있습니다. 예를 들어 닌텐도 스위치가 새로

나왔을 때 플랫폼을 닌텐도 스위치라고 할 수도 있고 콘솔 플랫폼에 포함시킬 수도 있는 것이죠. 요즘은 하나의 게임이 여러 개의 플랫폼에서 작동할 수 있도록 제작하는 것이 보편적입니다.

특정 장르만이 갖는 규칙과 관습

앞의 두 친구의 차이가 장르 경험 때문이라고 말했는데요. 무슨 뜻일까요? 하나의 장르에는 비슷비슷한 내용과 법칙 같은 것이 있어요. 예를 들면 '호러 영화에 꼭 등장하는 다섯 가지 법칙' 같은 것입니다. 외딴 오두막에서 혼자 잘난 척하면서 떨어져 있던 친구가 먼저 습격받는다거나 하는 법칙 말입니다. 하나의 장르에는 그 장르만이 갖는 보이지 않는 규칙과 관습이 있습니다. 그것을 '장르 문법'이라고 불러요. 친구 A는 이미 유사한 장르의 게임을 해 보았기 때문에 그 장르에서 통하는 고유의 규칙과 시스템, 소재, 플레이어의 목적 등에 익숙합니다. 때문에 해당 장르 안에 있는 다른 게임 콘텐츠를 접하더라도 익숙하게 플레이할 수 있었던 거예요.

장르에 익숙한 플레이어는 새로운 게임이 등장하더라도 같은 장르라는 것을 아는 순간 친숙하고 익숙하다고 느끼며 자연스럽게 게임을 진행할 수 있습니다. 장르 문법은 제작자와 향유자 사이에 보이지 않는 '장르 계약'이라는 것을 만들어 내거든요. 플레이어는 같은 장르에서 통용되는 어떤 법칙을 기대합니다. 때문에 개발자 역시 특정 장르를 표방한다면 대표적으로 공유되는 특징을 주축으로 게임을 디자인합니다. 일종의 플레이어와 개발자의 약속이 되는 것이죠.

장르는 오늘도 진화 중

흥미로운 점은 장르가 고정불변한 것이 아니라는 사실입니다. 어떤 특징을 기준으로 장르를 체계화하느냐에 따라 다르게 묶일 수 있습니다. 예를 들어 게임 〈풋볼 매니저FOOTBALL MANAGER〉는 소재라는 측면에서 보면 스포츠 장르로 묶이고, 선수를 키워 트레이드를 하면서 구단을 성장시키는 게임의 목적에 초점을 맞춘다면 경영 시뮬레이션 장르로 묶입니다. 어떤 관점에서 게임을 해석하느냐에 따라 장르는 달라질 수 있죠.

뿐만 아니라 장르는 항상 진화 중입니다. 언제든지 새롭게 등장할 수 있고 또 소멸될 수도 있습니다. 진화의 방향은 참으로 다양해서 하위 장르나 유사 장르로 세분화되기도 하고 두 개 이상의 장르가 융합, 혼합 하면서 새로운 장르가 출현하기도 합니다. 자주 일어나는 경우는 아닙니다만 어느 특정 게임의 제목이 하나의 장르로 굳어진 경우도 있습니다. 때로는 홍보와 마케팅을 위해 장르명을 새롭게 만들기도 합니다.

장르 진화의 대표적인 사례를 하나 살펴볼까요? 보드게임처럼 사람들이 테이블에 모여 앉아 대화를 통해 각자 맡은 역할을 연기하면서 게임을 하는 TRPG^{Tabletop Role Playing Game}라는 장르가 있었습니다. 물론 지금도 이 장르의 게임은 지속되고 있습니다. 그리고 디지털 기술이 발전하면서 TRPG에 판타지 세계관과 규칙을 도입하고, 컴퓨터로 역할놀이를 하는 게임 RPG가 등장했습니다. 대표적인 RPG로는 〈던전 앤 드래곤^{Dungeons & Dragons}〉이 있죠. 그리고 네트워크 기술이 발전하면서 다수의 플레이어가 동시에 접속해서 게임을 하는 MMORPG 장르가 등장합니다. 이는 '대규모 다중 사용자 온라인 롤플레잉 게임' '대규모 다중 접속자 온라인 역할 수행 게임' '다중 접속 역할 수행 게임' 등 다양한 번역으로 사용되는데, 수십 명에서 수백 명까지 동시에 접속할 수 있습니다.

타이틀이 장르가 되다

게임 개발자들은 두 가지 이상의 장르를 혼합해 새로운 장르를 만들기도 합니다. 대표적으로 AOS^{Aeon of Strife}가 있습니다. 이 장르는 MOBA^{Multiplayers Online Battle Arena}라고 불리기도 합니다. 실시간 전략 시뮬레이션^{RTS} 장르의 대표 선수였던 〈스타크래프트^{STARCRAFT}〉의 레벨 에디터^{Level Editor}를 이용해서 만든 Aeon64라는 유저의 유즈맵^{Use Map} 'Aeon of Strife'의 이름을 차용한 장르예요. 이 유즈맵은 4명의 플레이어가 한 팀을 이루어서 건너편에 위치한 적진을 파괴하는 게임이었어요. 적군의 진영에서 최대한 버티는 일종의 디펜스 장르에 속했죠. 이후 업데이트로 2 대 2로 상대편 진영을 먼저 파괴하는 팀이 이기는 게임으로 발전했는데, 이 맵이 〈스타크래프트〉 유저들 사이에서 엄청 유행합니다. 그러면서 이 유즈맵의 핵심적인 특성을 확장시킨 독자적인 게임이 등장하기 시작했고 그

런 장르를 AOS라고 부르기 시작했습니다. 대표적으로 흔히 롤이라고 부르는 〈리그 오브 레전드LEAGUE of LEGENDS〉가 있습니다.

게임 타이틀 자체가 장르명이 된 사례도 잠깐 살펴볼까요? 영화 〈테이큰〉의 주인공인 배우 리암 니슨이 광고 모델로 등장한 〈클래시 오브 클랜CLASH of CLANS〉이 있습니다. 병사를 훈련시키고 병력을 키우는 등 자신의 마을은 발전시키고 다른 플레이어의 마을은 공격하여 무너뜨리는 이 게임은 일종의 '약탈형 전략 시뮬레이션' 장르로 출발했습니다. 하지만 플레이어에게 대대적인 지지를 받아 유사한 스토리텔링과 UIUser Interface 그리고 플레이 방식을 지향하는 게임은 모두 〈클래시 오브 클랜〉의 첫자를 따서 COC 장르라고 불리기도 합니다.

온라인 게임의 종주국, 대한민국

우리나라 문화 산업에서 게임이 차지하는 비중은 상당히 큽니다. 게임의 역사에서도 한국 게임이 세계에 미친 영향은 막대합니다. 우리나라가 온라인 게임의 종주국인 덕분입니다. 우리나라는 1994년 단군 시대를 배경으로 한 세계 최초 온라인 머드 게임 〈단군의 땅〉을 개발하여 상용화하는 데 성공합니다. 그리고 1996년에 〈바람의 나라〉라는 그래픽 기반의 온라인 게임을 출시합니다.

PC통신이 이끈 게임의 발달

우리나라에서 개발한 온라인 게임은 하이텔, 나우누리, 천리안 같은 온라인 통신망이 발달하면서 함께 성장했어요. 대한민국은 세계적으로 무선통신 환경이 뛰어난 나라로 꼽힙니다. 선진국이라고 하는 미국도 실제로 가 보면 인터넷 속도가 상당히 느리다는 것을 알 수 있습니다. 땅이 넓은 데 반해 인구밀도가 낮기 때문에 모든 지역에 걸쳐 인터넷 기지국을 세우기 어려운 탓입니다.

반면 우리나라는 인구밀도가 높은 편에 속합니다. 때문에 지상은 물론이고 지하철이나 엘리베이터와 같은 닫힌 공간에서도 빠른 속도의 인터넷을 사용할 수 있습니다. 이런 인터넷 서비스의 발달은 과거 온라인 PC통신에서 시작되었습니다.

게임 선진국이라고 할 수 있는 미국과 일본이 아케이드와 비디오 게임 개발에 박차를 가하고 있을 때 우리는 PC 기반의 온라인 게임을 개발하기 시작했습니다. 처음에는 머드 게임으로 출발했지만 고사양의 PC 보급으로 게임 그래픽 기술이 개선되면서 게임은 점점 오늘날의 모습을 갖췄습니다. 시각적인 이미지를 강조하다 보니 만화를 원작으로 삼는 게임도 출현하게 되었는데, 그 예가 넥슨의 〈바람의 나라〉입니다.

〈바람의 나라〉는 비록 도트로 이루어져 있지만 그래픽 이미지를 통해 시각적인 만족감을 주었고 서사의 완성도, 정확한 시스템을 갖춰 플레이어들의 호응을 받았습니다.

온라인에서 함께 노는 문화

온라인 게임이 발달하면서 채팅을 하거나 파티 등을 결성해 함께 던전을 공략하는 시스템도 발달합니다. 혼자가 아니라 여럿이 '함께 노는 문화'가 가능해진 것이죠. 앞에서 살펴본 미국이나 일본을 중심으로 개발되던 비디오 게임은 싱글 플레이 중심이었어요. 컴퓨터를 상대로 플레이어 혼자서 게임을 하는 것이죠. 하지만 미국이나 일본과는 달리 우리나라 사람들은 관계를 지향하고 함께하는 것을 선호하는 편입니다. 그러다 보니 자연스럽게 게임도 여럿이 같이할 수는 없을까 고민한 것 같습니다. 그 결과 자연스럽게 MMORPG라는 새로운 장르가 탄생한 것이지요.

함께하는 플레이의 한 가지 예가 '결혼 시스템'입니다. 캐릭터끼리 결혼을 한다? 사실 가상 세계인 게임에서 캐릭터의 결혼이라는 것은 다소 이상해 보입니다. 허구의 게임 세계에서 허구의 존재인 캐릭터가 결혼하는 것이니까요. 결혼 시스템을 인정하려면 캐릭터와 세계에 대한 허구성을 버리고 그것을 '진짜인 것처럼 믿는' 사고 체계가 선행되어야 합니다. 게임 〈바람의 나라〉에서 결혼 시스템이 아무 문제 없이 작동하고 흥미로운 결혼 스토리가 많이 만들어졌다는 것은 게임 개발자와 플레이어 사이에 이 세계에 대한 'Make-believe'가 이루어졌음을 의미하는 것 아닐까요?

1998년에는 세계 온라인 게임 시장을 뒤흔든 〈리니지^{Lineage}〉가 등장합니다. 이 게임은 '혈맹'이라는 커뮤니티 시스템과 협동 플레이가 메인이 되는 공성전^{攻城戰} 등을 선보이면서 MMORPG라는 특별한 장르의 원조가 되었습니다. 주기적으로 업데이트되는 다양한 맵과 몬스터들은 게임의 세계관을 확장하는 데 기여했고, 만렙을 찍더라도 PVP 등을 통해 플레이가 끝나지 않는 게임을 만드는 데 일조했습니다. 뿐만 아니라 아이템을 강화해 게임 플레이의 다양성을 추구하고 다양한 비즈니스 모델을 만들어 내는 등 차별화된 특성을 구축했습니다.

하지만 미국의 자본력과 기술력은 실로 어마어마한 것이었어요. 우리나라가 최초의 온라인 게임을 만들었지만 미국의 기술은 우리를 금방 따라잡았습니다. 2004년에 상용화된 블리자드의 〈월드 오브 워크래프트^{WORLD of WARCRAFT}〉는 세계 MMORPG 플레이어의 60퍼센트 이상이 사용한다는 통계가 있는 만큼 산업적인 측면에서도 큰 성공을 거두었습니다. 〈바람의 나라〉가 최초의 MMORPG로 기억된다면 〈월드 오브 워크래프트〉는 최고의 MMORPG로 기억될 만큼 널리 알려졌고 완성도도 높은 게임으로 기록됩니다.

한국은 왜 유독?

한국은 왜 온라인 게임에 강한 집착과 자부심을 느끼는 것일까요? 한국 게임 플레이 문화의 시작에서 그 단서를 찾을 수 있습니다. 서양인은 퀘스트나 미션 등 게임에서 주어진 임무를 완수하는 것을 주된 목적으로 플레이를 한다면, 한국인은 게임이라는 것을 현실의 연장선상으로 생각하면서 동시에 현실과는 좀 다른 삶의 경험을 만들어 가는 세계로 인식하곤 합니다. 현실의 나와는 다른 가상의 인물이 되어 색다른 업적을 쌓기도 하고 몬스터를 물리치고 세상을 구원하는 성스러운 목적을 달성하기도 하고요. 또 커뮤니티 활동을 통해 새로운 인간관계를 만들면서 서로 도움을 주고받기도 합니다. 게임에서 사회적 경험을 하는 것이에요.

이런 게임 플레이 문화가 오늘날에는 콘솔 플랫폼에도 전파되고 있습니다. 플레이스테이션이나 닌텐도 스위치에서도 온라인 네트워크 서비스를 지원하고 있어요. 물론 PC 게임만큼 많은 수의 플레이어가 동시에 모이지는 못하지만 기술의 발전은 비약적이기에, 미래의 온라인 콘솔 게임은 어떤 모습일지 상상해 보는 것도 흥미롭습니다. 사회적 관계망을 게임 세계에서도 경험하기를 원하는 한국의 플레이 문화가 그야말로 세계로 확산되고 있습니다.

3

게임의 세계로
한 걸음 더!

신화, 게임으로 부활하다

게임을 하다 보면 왠지 모르게 익숙한 이야기라는 생각이 들 때가 있어요. 어디선가 많이 본 듯한 느낌이 드는 그런 '느낌적인 느낌' 말이에요. 캐릭터 이름도 친숙하고 캐릭터가 대적해야 하는 적도 어디서 많이 본 듯한 느낌이 들고요. 또 보상으로 받은 무기도 마치 내가 이미 가지고 있던 무기인 양 익숙한 느낌이죠.

왜 그럴까 생각해 보면 어릴 적 봤던 신화 이야기가 떠오릅니다. 정말 게임은 신화를 닮아 있을까요? 게임이 신화를 닮았다면 그 이유는 무엇일까요? 왜 게임은 신화를 계승하고 있는 것일까요?

인간 근원의 문제를 담은 이야기

신화가 무엇일까요? 신화는 여러분이 알고 있는 것처럼 옛날이 야기죠. 조금 좁은 의미에서 보면 한 나라나 한 민족 혹은 한 문화 권에 대대로 전승되는 이야기를 말합니다. 마치 종교처럼 믿음의 체계가 있는 신앙으로 받아들여지기도 하죠. 특히나 과학적인 사 고가 자리 잡기 이전에는 신화가 인간이 살아가는 자연의 진리나 섭리 같은 것을 설명해 주는 하나의 기준이 되기도 했습니다. 예를 들어 우주는 어떻게 만들어졌을까, 매일 보는 해와 달 그리고 수많 은 별은 어떻게 만들어졌을까, 도대체 인간은 언제부터 이 지구상 에 살았으며 어디서 온 존재일까 같은 질문에 대한 답을 신화에서 찾았던 거예요.

지구가 자전한다는 과학 지식을 알지 못했던 사람들은 왜 하루 중 12시간은 해가 뜨고 나머지 12시간은 달이 뜨는지 너무나도 궁 금했겠죠. 밤이 되면 왜 캄캄해지는지, 도대체 해는 어디로 가는 것인지에 대한 해답을 찾고 싶었을 거예요. 그래서 옛날 사람들은 이 해답을 신화 속에서 찾으려고 했습니다. 우주 창조 신화, 하늘 생성 신화 그리고 생명체 탄생 신화를 만들면서 말이죠.

생각해 보세요. 해와 달이 어떻게 해서 만들어졌는지 근간을 따 지는 신화는 정말 수없이 많아요. 여러분이 좋아하는 그리스·로마 신화에는 태양신 헬리오스Helios와 그의 아들 파에톤Phaethon이 등장해요. 아버지 없이 태어나 주변에서 놀림 받고 자랐던 파에톤이 친부인 태양신 헬리오스가 몰던 태양 마차를 몰다가 추락한 이야기는 널리 알려졌지요. 게르만 신화에도 낮을 만드는 말과 밤을 만드는 말을 각각 12시간씩 번갈아 가면서 하늘을 달리는 거인 여자와 아들의 이야기가 있습니다. 우리나라에는 어릴 적 동화로 읽은 해와 달이 된 오누이 이야기가 있고요. 신화는 인류와 오랜 시간 동행하면서 인간이 풀지 못하는 자연의 섭리를 해설해 주는 역할을 했습니다.

푸대접받던 신화의 재평가

근대 문명이 시작되면서 신화는 푸대접을 받습니다. 일반적으로 산업혁명 이후인 18세기와 19세기부터라고 볼 수 있어요. 이 시대의 핵심 가치는 합리주의와 과학적 사고 방식이에요. 감정보다는 이성이 더 강조되었죠. 때문에 사람들은 이제 실제로 증명할 수 있는 것을 믿기 시작했습니다. 당연히 신화는 천대받게 되었죠. 신화는 사실적이지도 않고 비합리적인 이야기잖아요. 지진이 일어나는 까닭이 거대한 두꺼비가 딸꾹질을 해서라는 설명은 더 이상 통하

지 않는 시대가 되어 버렸습니다. 신화는 주술적인 마법이 난무하는 꿈과 같은 판타지가 주를 이루었고 누가 그 이야기를 지어냈는지 또한 알 수 없었기 때문에 무책임한 이야기, 비과학적이고 비이성적인 이야기, 원시적인 이야기로 비판받았습니다. 사람들은 신화를 폄훼하기 시작했어요.

그러다가 21세기에 들어서면서 다시 한번 주목받기 시작합니다. 신화가 과학적인 가치를 획득한 것은 아니지만 신화 속에 내재된 인류 보편적인 감성을 발견한 것입니다. 그 결과 지금은 신화가 인류의 문화적 토대이자 무수한 상징을 지닌 원천이라고 재평가받고 있습니다.

프랑스의 신화학자인 질베르 뒤랑Gilbert Durand과 같은 학자는 지금 시대가 신화에 주목하는 이유를 시청각 기술의 비약적인 발전

덕분이라고 생각합니다. 사실 영화와 같은 시청각 기술은 모두 거짓과 환영으로 만들어진 결과물이잖아요. 하지만 왠지 모르게 믿을 수밖에 없는 그 특성이 바로 신화가 가지고 있는 본질을 이어받은 것이 아닐까요? 그리고 바로 그런 점이 시청각 기술 진화의 한 끝을 담당하고 있는 게임과 연결되는 것이죠.

북유럽 신화와 중세 판타지를 품다

신화적인 요소는 게임 속에서 어떻게 재현되고 있을까요?

게임은 처음부터 끝까지 개발자가 새로운 세계를 만들면서 시작됩니다. 새로운 세계를 만들어 낸다는 것은 무엇을 의미할까요? 그렇습니다. 사실상 게임 공간은 그곳이 물리적이냐 아니냐를 논하기 이전에 아무것도 없었던 공간입니다. 땅과 하늘을 만들고 숲과 길을 만드는 것 모두 하나하나 개발자의 수고로 이루어집니다. 그야말로 존재하지 않았던 세계를 2D가 되었든 3D가 되었든 만들어 내는 것이지요. 여기서 더 놀라운 점은 그렇게 만들어진 세계가 믿을 만해야 한다는 것입니다.

이런 측면에서 게임은 신화와 매우 유사합니다. 신화는 늘 창조에서 시작하거든요. 모든 나라의 신화는 아무것도 없는 상태에서 하늘과 땅을 만들고 나무와 풀, 바람, 구름 등을 만들면서 시작됩니다. 가장 첫 번째 단계인 세계를 만드는 것부터 게임이 신화와 닮아 있다는 것을 의식적으로든 무의식적으로든 개발자들이 알아챘던 것이 아닐까요? 게임과 신화가 여러 측면에서 닮았다는 생각 때문에 자연스럽게 게임 개발자들은 신화적 스토리를 게임에 적용하면 어떨까 하는 아이디어를 떠올렸던 것은 아닐까요? 더군다나 신화가 인간의 무의식을 지배하는 어떤 체계를 반영한다고 하니 게임 개발자들도 그들의 무의식 속에 있던 신화적인 사고를 게임 세계를 만드는 데 적용하지 않았을까 싶습니다.

북유럽 신화, 게임이 되다

실제로 신화를 의식하고 제작된 온라인 게임이 많습니다. 그중에서도 게임은 북유럽 신화나 켈트 신화에서 모티프를 얻는 경우가 많습니다. 게임은 왜 대중에게 더 익숙한 그리스·로마 신화 대신 북유럽 신화나 켈트 신화를 많이 차용했을까요?

기본적으로 북유럽 신화와 켈트 신화가 발생한 지역적 특성과 관련이 있습니다. 북유럽 신화와 켈트 신화가 시작된 지역은 따뜻하고 풍요로운 지중해에서 꽤 떨어진 북쪽에 위치하고 있습니다.

노르웨이, 스웨덴, 핀란드, 덴마크, 아이슬란드 그리고 영국에 이웃한 아일랜드까지가 이들 신화가 발생한 지역입니다. 이 지역의 기후는 춥고 습합니다. 땅도 매우 척박하고요. 곡식은 잘 자라지 않으니 늘 생존을 위해서 투쟁해야만 했습니다. 삶 자체가 전투와 전쟁이라고 해도 과언이 아닙니다.

반면 그리스·로마 신화가 탄생한 지중해 주변은 자연환경이 상당히 좋습니다. 풍부한 일조량 덕분에 곡식이 잘 자라고 지중해에 접하고 있어 문명이 발달하기 좋은 조건입니다. 풍요로운 먹을거리와 따스한 환경 덕분에 자연스레 다양한 문화가 꽃필 수 있었어요. 그곳에 사는 사람들은 생존을 위해 투쟁하기보다 여유롭고 아

〈파멸할 운명의 신들의 싸움〉(프리드리히 빌헬름 하이네, 1882)

름다운 문화와 예술을 즐기는 풍토를 만들어 갔습니다. 그래서 그리스·로마 신화에 등장하는 신은 아름답고 화려합니다.

반면 북유럽이나 켈트 신화에 등장하는 신은 차갑고 투박하죠. 어둡고 컴컴한 미지의 세계와 싸우는 문화, 혼돈과 무질서의 세계, 무엇보다 라그나뢰크^{Ragnarök}라고 하는 신(세계)의 몰락이 북유럽 신화의 핵심 축이라는 점은 탄생과 죽음, 창조와 멸망, 경쟁과 전투, 승리를 핵심 가치로 생각하는 게임과 아주 잘 맞아떨어집니다.

환상적인 캐릭터가 가장 큰 매력

게임에는 인간 세계와는 동떨어진 천상, 지상, 지하, 해저 세계나 지옥이 등장합니다. 그리고 이 공간을 활보하는 인간과는 다른 형상을 한 여러 종족이 등장합니다. 오크나 트롤과 같은 종족은 전투력이 강한 악귀를 대표하고, 엘프나 드워프 종족은 매우 호전적이면서도 자유를 지향합니다. 강한 생명력과 지식을 지닌 마법사 또한 등장합니다. 게임에 등장하는 다양한 종족은 마법이나 주술을 부리는 등 현실 세계의 인간이 할 수 없는 일을 해내는 특징이 있습니다. 현실의 나와는 다른 정체성을 가진 나를 만들고 싶은 욕망을 제대로 반영하기 위해서 게임은 중세 판타지나 신화에 등장하

는 판타지적이고 비현실적인 캐릭터를 차용해 앞세우는 것입니다.
기사 모험담이나 성배 탐색과 같은 스토리와 함께 말이죠.

북유럽 신화와 중세 판타지를 적극적으로 차용하는 대표적인 예
가 〈월드 오브 워크래프트〉입니다. 기본적으로 북유럽 신화와 함
께 소설 『반지의 제왕』의 검과 마법의 세계를 적극 차용합니다.

신화 속 인물이 게임으로 재탄생하다

〈월드 오브 워크래프트〉는 한마디로 어떤 이야기라고 정의할 수
없을 정도로 세계관이 크고, 넓고, 스토리가 깊습니다. 호드와 얼
라이언스라고 하는 상반된 두 종족이 대립하는 역사를 중심으로

스토리는 아직도 진행 중입니다. 새로운 공간이 계속 업데이트되고 혼돈을 가져오는 새로운 갈등이 지속적으로 발발합니다. 그리고 그런 갈등은 새로운 종족의 출현을 예고하죠. 세계관이 크다 보니 책으로도 나오고 영화로까지 확장되고 있습니다.

이 게임에서는 북유럽 신화나 게르만 신화에 등장하는 종족을 찾아볼 수 있습니다. 신화에 등장하는 인물을 모티프로 삼은 캐릭터도 있습니다. 북유럽 신화에서 신들의 아버지에 해당하는 오딘Odin 역시 게임에서 NPC '오딘'으로 등장합니다. 티탄의 관리인 로켄Loken도 유사한 경우입니다. 로켄은 북유럽 신화의 장난꾸러기 로키Loki를 모티프로 삼아 창조된 캐릭터입니다. 그는 인스턴스Instance 던전인 '번개의 전당' 최종 우두머리로, 두뇌 회전이 빠르고 공작에 능한 신화 속 로키의 성격을 그대로 이어가고 있는 NPC입니다.

〈갓 오브 워God of War〉라는 게임도 있는데요. 이 게임에 등장하는 주인공은 제우스의 아들이에요. 로마 신화에 나오는 신을 모두 죽이고 북유럽 신화로 넘어가서 신들을 물리치는 스토리가 펼쳐집니다. 이 게임은 신화 속에 등장하는 많은 신을 만날 수 있습니다.

신화 속에 나오는 인물이나 구체적인 사건, 장소를 그대로 가져와 게임으로 만들기도 합니다. 우리나라에서 개발한 〈마비노기MABINOGI〉의 경우에도 켈트 신화를 차용하여 세계를 창조했습니다.

세계관에 나타나는 신화적 상상력

신화적 상상력이 적극적으로 적용되는 것이 바로 게임의 세계관입니다. 이는 게임 세계의 의미를 구성해 주는 배경 이야기이자 실제 사건이 발생하는 공간의 이야기입니다. 게임의 세계관은 플레이어에게 그 세계가 어떤 곳인지 설명합니다. 플레이어가 본격적으로 플레이를 시작하기 전에 이 세계를 지배하고 있는 규칙이 무엇인지 알려 줍니다. 플레이어가 세계관을 이해하고 있다면 게임 플레이를 하면서 공간을 헤매거나 어떤 목표를 향해 플레이해야 하는지 몰라 방황하는 시간을 단축할 수 있고, 게임을 더 수월하게 할 수 있습니다. 마치 신화가 인간들이 품는 근원적인 질문에 대한 답을 알려 주고 기원을 설명해 줌으로써 살아갈 의지를 더욱 불태우도록 돕는 것처럼 말입니다.

세계관을 입은 게임

게임의 세계관은 스크린 너머에 구축된 게임 세계의 존재를 증명하기 위한 첫걸음이라고 할 수 있습니다. 새롭게 창조된 게임 세계가 어떻게 창조되었는지, 어떤 인물에 의해 움직여 왔는지, 지금 당면하고 있는 문제는 무엇이고 갈등의 핵은 무엇인지에 대한 정보 또한 세계관을 통해 제공됩니다. 플레이어는 컷신$^{Cut\text{-}scene}$이나 튜토리얼^{Tutorial} 등으로 제공되는 세계관을 매개로 게임 세계를 이해하고 플레이를 하고자 하는 동기를 부여받고 적극적인 액션을 취할 수 있게 됩니다.

세계관을 디자인할 때에는 먼저 구체적으로 게임의 시간과 공간, 사상적인 배경을 설정합니다. 시간은 우리 모두에게 너무 익숙한 요소입니다. 과거, 현재, 미래라는 보편적인 시간의 흐름에서 구체적으로 어떤 시간대인지 설정합니다. 그런데 흥미로운 점은 게임에서는 모호한 시간대를 선택하는 경우도 굉장히 많다는 것입니다.

우리는 그 시절을 빛과 장미의 시대라고 불렀다. 400년이 흐르고 나서야 그 이름의 진정한 의미를 깨달았지만…….

이 문장은 MMORPG 〈아키에이지^{ArcheAge}〉의 연대기를 설명하고 있습니다. 실제 세계관이 궁금하다면 원작 소설『전나무와 매』
(전민희 지음, 제우미디어)를 읽어 봐도 좋습니다. 여기서 가리키고
있는 '빛과 장미의 시대'는 도대체 언제일까요? 사실 과거인지 미
래인지도 참 모호합니다. 게임은 왜 이리 모호한 시간대를 설정할
까요? 구체적인 시간을 명시하는 순간, 우리는 그 시기에 실제로
일어난 일이나 환경을 떠올리게 됩니다. 732년이라고 한다면 시대
적 상황을 떠올리고 운송 수단은 뭐였는지, 사람들은 어떤 의복을
입었는지 하는 것들을 생각하죠. 그러면서 특정한 사고의 틀에 갇
히는 경우가 생깁니다. 판타지가 있고 중세적인 느낌이 있는 세계
를 다루면서도 실제 역사적인 사건, 사고의 틀에서 벗어나기 위해
어쩌면 자연스럽게 모호한 시간대를 설정한 것은 아닐까요?

긴장감을 더해 주는 공간 설정

세계관 설정에는 시간의 축뿐만 아니라 공간의 축 역시 굉장히
중요합니다. 실제로 게임에서의 공간은 엄청 중요해요. 플레이어
가 캐릭터를 가지고 직접 움직여야 하는 바로 그 장소이기 때문입
니다. 우주의 생성 자체를 다루는 천문학적인 관점부터 대륙과 바
다의 구성과 세부적인 지형의 특징까지 공간 설계 단계에서 고려

됩니다. 각 지역의 사회·정치·경제·문화적인 특성도 고려해야 하고, 플레이어가 탐색하고 탐험해야 하는 지형지물, 건물, 던전 등도 설정해야 합니다. 플레이어가 타고 다닐 수 있는 교통수단도 함께 말이죠. 〈월드 오브 워크래프트〉의 전신이라고 할 수 있는 〈워크래프트3 WARCRAFT III〉의 프롤로그 캠페인에서 공간을 어떻게 설명하는지를 살펴보면서 더 자세히 알아볼까요?

제1장 칼림도어 상륙

스럴은 신비로운 예언자의 말을 따라 오크 호드를 이끌고 그레이트 씨(sea)를 항해해 왔습니다. 거대한 파도를 넘고 거친 폭풍을 견딘 그들은 결국 칼림도어 대륙의 해안에 도착했습니다. 선박들이 부서지고 침몰하자

오크들은 서서히 내륙을 탐험하기 시작했습니다. 위험과 황폐한 바위산이 도사리는 땅으로.

이 게임에서 플레이어는 오크의 대장인 스럴을 롤플레잉합니다. 세계관을 통해 묘사되고 있는 정보를 보면 주인공은 오크 무리를 이끌고 꽤 오랜 시간 광활하고 거친 바다를 건너온 듯하죠. 바다를 건너는 중에 커다란 폭풍우도 여러 번 만난 듯하고, 배도 꽤나 부서져서 난파 직전의 상태로 보입니다. 심지어 부하들 가운데 몇몇은 어쩌면 폭풍우를 견디다 못해 바닷속으로 빠졌을지도 모릅니다. 얼마나 더 살 수 있을까 싶을 때쯤 겨우겨우 칼림도어라는 대륙의 해안가에 도착한 거예요. 천만다행이라는 생각으로 탐험을 막 시작합니다. 그런데 엎친 데 덮친 격으로 칼림도어도 풍족하고 평화로운 땅은 아닌가 봅니다. 황폐한 바위산이 도사리는 척박한 땅이라고 합니다. 위험하다는 표현은 지형지물에만 해당하는 것은 아닌 듯해요. 아직 정체를 알 수 없지만 플레이어의 생명을 노리는 미지의 생명체가 곳곳에 도사리고 있는 것 같습니다.

플레이어는 공간에 대한 설명을 통해 긴장감을 유지한 채 대륙을 탐색하기 시작합니다. 쉴 틈이 없어요. "우리는 현재 위치를 확인할 수 있나? 여기가 칼림도어인가?"라면서 자신이 위치한 공간을 재차 확인합니다. 게임에서 플레이어가 공간을 확인하는 이유는 자신의 움직임과 직접적인 관계가 있기 때문입니다. 플레이어는 공간 인지를 통해 가야 하는 곳, 갈 수 있는 곳을 가지 말아야 하는 곳과 구분하고 해야 하는 일을 보다 효율적으로 찾아야 합니다. 실제로 〈워크래프트3〉에서 플레이어가 칼림도어에 대한 확신이 들면 게임은 플레이어에게 흩어졌던 동료를 찾으라는 메인 퀘스트를 부여합니다. 그러면 플레이어는 자연스럽게 대륙을 탐색하면서 앞으로 나아가게 되는 것입니다.

　게임에서 공간에 대한 디자인은 지형적인 설계뿐만 아니라 기후나 자연환경과 관련된 설정도 함께 진행되어야 합니다. 기후나 일조량 등은 공간을 둘러싸고 있으면서 특정한 분위기를 연출하는 데 큰 도움을 줍니다. 또한 특정한 행동을 하도록 유도하거나 긴장감을 만들어 내는 역할도 합니다. 맑은 하늘이 플레이어의 눈앞에 펼쳐진다면 왠지 모르게 그 하늘로 날아오르고 싶은 마음이 들지 않을까요? 반대로 한 치 앞을 볼 수 없는 칠흑 같은 어둠이 있는 던전을 만나면 걸음조차 잦아들고 경계심을 가지고 잔뜩 긴장한 채 주변을 둘러보며 조심스럽게 걸어가곤 합니다. 특히 게임 그래픽 기술이 발전할수록 이 부분은 더욱 강조되곤 합니다.

천지창조를 모티프로 삼다

디지털 게임에 반복적으로 등장하는 모티프가 있습니다. 가장 대표적인 것이 바로 천지창조입니다. 천지창조 모티프는 신화에서처럼 게임 세계가 어떻게 만들어졌고 플레이어는 이런 세계에서 어떤 존재로서 어떤 일을 해야 하는지 결정짓는 기능을 합니다. 그렇기 때문에 중요하죠.

대부분의 게임은 카오스, 그러니까 혼돈의 세계에서 시작합니다. 혼돈은 질서가 없는 상태입니다. 질서가 없으면 더 좋은 것과 더 나쁜 것을 비교할 수 없습니다. 비교하려면 어떤 기준점이 있어야 하는데 혼돈의 상태에서는 그 기준을 찾을 수 없습니다. 사실상 우월함과 열등함조차도 존재하지 않아요. 모든 것이 그 어떤 기준체계에 따라서 분리되거나 분별되지 않은 상태입니다. 때문에 꿩

장히 무질서하고 혼란스러워 보이지만 어떤 관점에서 보면 굉장히 고요하고 모두가 평등하고 가치의 우위를 따질 수 없는, 저마다의 고유한 가치가 있는 상태가 바로 혼돈입니다. 혼돈도 괜찮아 보이지 않나요?

어느 날 솟아난 최초의 존재

게임도 신화의 세계처럼 혼돈으로 시작하는 세계관이 많습니다. 그러다가 어느 순간 이 혼돈의 세계에 최초의 피조물이 등장합니다. 모든 것이 평등한 무질서의 세계에 질서를 부여하고 싶은 인간의 욕망 때문이겠죠? 흥미로운 것은 어느 날 갑자기 등장한 최초의 존재는 아무런 이유 없이 '솟아난다'는 것입니다.

그리스·로마 신화를 예로 들어 볼까요? 시원을 알 수 없는 카오스 상태로 이야기는 시작됩니다. 형태를 알 수 없는 무정형 세계에 닉스Nyx라고 하는 밤과 에레보스Erebus라고 하는 죽음의 심연, 두 자손이 태어납니다. 검은 닉스가 에레보스의 품에서 알을 낳아요. 시간이 흐르고 에로스Eros가 태어납니다. 이로 인해 카오스는 사라지고 아름다움과 질서가 생기죠. 그리고 한참 시간이 흘러 아름답고 광활한 대지 가이아Gaia가 생겨납니다. 그리고 이어 여러분에게 익숙한 신들의 이름이 등장합니다. 그런데 여기서 에로스와 가이아는 아무런 개연성 없이 혼돈의 세계에서 저절로 생성되는 존재예요.

북유럽 신화도 비슷합니다. 아무것도 없는 빈 공간을 기능가가 프^{Ginnungagap}라고 하는데요. 이 공간에서 최초의 피조물인 거인 이미르^{Ymir}와 암소 아우둠라^{Audhumla}가 아무 이유 없이 생겨납니다. 『안인희의 북유럽 신화』(안인희 지음, 웅진지식하우스)에서 이 천지창조 신화를 자세히 살펴볼 수 있습니다.

> 맨 처음에는 아무것도 없었다. 하늘도 땅도 물도 없고, 빛도 어둠도 시간도 없었다. 아무것도 없는 곳에 오로지 추위와 더위만 있었다. 땅도 하늘도 없는데 이런 말 하기는 무엇하지만, 그래도 오늘날 우리가 아는 식으로 방향을 정해 보면 추위는 북쪽에, 더위는 남쪽에 자리 잡고 있었다. 그리고 그 둘 사이에는 그냥 텅 빈 공간이 있었다. 바닥도 천장도 없는 빈자리였을 뿐이다. 뒷날 사람들은 이 공간을 '기능가가프'라고 불렀다. (중략) 서리가 녹아 물방울이 되고, 물방울은 뜨거운 열기의 힘으로 생명을 얻었다. 그것은 천천히 거대한 인간의 모습이 되었다. 그가 곧 태초 거인 이미르다. 뒤이어 서리 녹은 물방울에서 거대한 암소 한 마리가 저절로 생겨났다. 바로 태초 암소 아우둠라였다.

천지창조 모티프는 서양 신화에만 나타나는 것은 아닙니다. 우리나라 신화에서도 비슷한 양상을 찾아볼 수 있어요. 제주도 무가^{巫歌}이자 천지창조 신화인 〈천지왕본풀이〉는 아무것도 구분하지 못하는 깜깜한 세상에서 낮과 밤을 만들어 줄 '청의동자'라는 최초의 존재가 '솟았다'고 말합니다. 청의동자는 깜깜한 혼돈의 세상을 밝혀 줄 해와 달을 만드는 신적 존재이고 혼돈의 세계를 질서 있는 세계로 만들어 줄 인물입니다.

> 세상을 바라본즉 밤도 깜깜 낮도 깜깜
>
> 인간이 동서남북을 모르고 가림을 못 가린즉
>
> 헤음 없이 남방궁 일월궁의 아들
>
> 청의동자가 솟아났으니
>
> 앞이망 뒷이망에 눈이 둘씩 돋았읍네다.
>
> ― 〈천지왕본풀이〉에 담긴 천지창조 모티프

게임과 인간의 관계 맺기

게임에서는 이 천지창조 모티프가 어떻게 발현, 계승되고 있을까요? 엔씨소프트에서 개발한 MMORPG 〈아이온^{AION}〉을 살펴보면, 태초에 아트레이아라는 낙원이 있었는데 완전한 세계이자 질서가 잡히지 않은 것으로 묘사됩니다. 이 세계에 어느 날 갑자기 최초의 피조물 '드라칸'이라는 용족이 등장하죠. 용족은 육체적으로 월등한 존재입니다. 때문에 드라칸은 점차 강대해지는 힘으로 오만해져서 창조주에게 대항하고 아트레이아 자체를 위협하는 존재로 변화합니다. 창조주는 세상의 근간이 되는 영원의 탑을 지키기 위해서 용족의 도발을 막으려고 애썼지만 이들의 전투는 쉽게 끝나지 않았습니다. 결국 이 갈등은 기나긴 전쟁으로 이어졌고 세상은 파국을 맞습니다. 이에 완전한 세계를 지탱하던 아이온-영원의 탑은 분열되고 아트레이아는 천계와 마계라고 하는 두 세계로 갈라지게 됩니다. 플레이어는 이런 분리된 세계에서 세상의 멸망을 막는 엄청난 임무를 띤 채 게임 세계로 들어갑니다.

물론 모든 게임이 신화적 모티프인 천지창조를 활용하는 것은 아닙니다. 디지털 게임 세계는 천지창조 모티프가 없더라도 형성될 수 있고 또 유지될 수 있습니다. 그럼에도 불구하고 다수의 게임에서 천지창조 모티프가 반복되고 변용되는 현상에 주목할 필요가 있습니다. 게임의 본질이 무엇인지, 그리고 게임은 인류와 어떤 식으로 관계를 맺으려고 하는지, 인간의 사고는 게임을 통해 어떻게 확장되는지 살펴볼 수 있는 단초를 제공하기 때문입니다.

반전을 거듭하는 피드백 시스템

게임은 어떻게 디자인하는 것일까요? 게임은 플레이어를 쥐락 펴락하며 긴장시켜야 합니다. 이길 것 같았는데 역전당하고, 이번 판은 망했다 싶었는데 회생의 기회를 얻는 시스템은 흥미진진합니다. 게임은 그 결과에 대한 예측을 수시로 뒤집을 수 있도록 디자인됩니다. 레이싱 게임을 예로 들어 플레이어의 긴장을 지속시키는 게임 시스템이 무엇인지 살펴보겠습니다.

레이싱 게임은 여러분이 자주 즐기지는 않을 수 있지만 온 가족이 함께할 수 있는 장르입니다. 어쩌다가 들른 오락실에서 동전을 집어넣고 누가 더 빠른지 단 몇 분 만에 승부를 볼 수 있죠. 유치원생도 할 수 있는 아기자기하고 귀여운 캐릭터 기반의 레이싱 게임기부터 실제처럼 스피드를 즐길 수 있는 게임기까지, 다양한 기기가 있어요. 뿐만 아니라 플레이스테이션이나 닌텐도 등 가정용 게임기 광고에 꼭 등장하는 화면이 바로 레이싱 게임입니다. 거실에서 온 가족이 함께 운전대를 잡고 몸을 이리저리 움직이는 모습, 기억나죠?

누구라도 승자가 되고, 패자가 되고

레이싱 게임을 하다 보면 트랙 구간마다 아이템이 들어 있는 특별한 물체를 볼 수 있습니다. 첫 번째 상자에는 부스터가 있고, 두 번째 상자에는 부비트랩이 있고, 세 번째에는 폭탄이 설치되어 있을까? 아니면 랜덤으로 아이템 위치가 바뀌는 걸까? 저는 레이싱 게임을 할 때마다 궁금했는데, 여러분도 궁금하죠?

그래서 실험을 해 보았습니다. 계속 첫 번째 오브젝트만 먹는 거예요. 그렇게 몇 번 하다 보면 아이템 위치에 대한 비밀을 알아낼 수 있을 거라는 기대로 말이죠. 그런데 제가 했던 몇십 번의 시도로는 해답을 찾지 못했습니다. 일관된 규칙 같은 것을 발견할 줄 알았는데 말이죠.

그즈음 게임 디자이너이자 학자인 마크 르블랑[Marc LeBlanc]이 쓴 논문을 접했습니다. 그는 일관된 규칙을 발견하기 힘든 이유로 게임 결과를 예측할 수 없도록 하는 피드백 시스템^{Feedback System}을 들며, 그것을 불확실성^{Uncertainty}이라는 개념으로 설명합니다. 여기서 말하는 불확실성은 누가 이길지 모르는 승패 또는 결과에 대한 불확실성을 말합니다. 게임의 결과가 확실하지 않으니 플레이하는 누구라도 승자가 될 수도 있고 반대로 패자가 될 수도 있다는 것입니다.

게임에서 불확실성이 빠진다면 플레이 과정에 발생할 수 있는 수많은 변수는 희박해지고 뻔한 게임이 될 것입니다. 질 것이 분명한 게임을 시작하는 플레이어는 없을 테니까요. 물론 이기기만 하는 게임도 그리 재미있지는 않을 겁니다. 따라서 모든 게임은 불확실성을 강화하기 위해 플레이어의 상태를 의도적으로 조작한다는 것이 르블랑의 주장입니다. 승부가 모호해지는 상황을 연출하면 플레이어는 더욱 더 긴장감을 가지고 끝까지 게임을 진행할 수 있다는 것이죠.

게임이 게임에 개입하다

게임에서의 불확실성이 무엇인지 피드백 시스템으로 자세히 설명할 수 있습니다. 피드백 시스템은 크게 4단계로 체계화할 수 있습니다. 첫 번째 단계가 바로 게임의 상태^{Game State} 단계입니다. 게임의 상태 단계는 플레이가 진행되는 어떤 특정한 순간을 말합니다. 달리고 있든, 전복이 되든, 트랙에서 벗어나 있든 말이죠. 그 순간을 게임 시스템이 체크하는 것, 즉 플레이어가 지금 바로 그 순간 어떤 자리에 위치하고 있는지, 어떤 무기와 스킬을 가지고 있는지, 생명은 몇 개나 남았는지, 혹시 자동차가 부서지지는 않았는지 등의 모든 정보를 체크해서 서버 시스템에 순간 저장합니다. 플레이어의 상태 정보만 저장하는 것은 아닙니다. 플레이어와 함께 플레이를 하고 있는 다른 플레이어의 동일한 상태 정보, 만약 플레이어가 컴퓨터와 대결을 하고 있다면 컴퓨터의 상태 정보를 체크하여 저장합니다.

그러고 나면 두 번째 단계인 스코어 측정Scoring Function 단계에 접어듭니다. 이 두 번째 단계에서는 수집된 정보를 분석하고 참여하는 모든 플레이어와 NPC의 상태를 수치화합니다. 사실상 이 상태가 수치화되면 누가 이기고 질 것인지 대략적으로 예측할 수 있습니다. 특히 플레이어 간에 격차가 크게 벌어져 있거나 결승전에 가까워질수록 승패에 대한 확신은 더욱 강해지죠. 그렇기 때문에 게임은 바로 이 순간에 개입을 시작합니다. 의도적으로 결과를 조작하는 것입니다.

게임에서 이기고 있는 플레이어에게는 패널티를 부여할 수 있는 부정적인 아이템을 제공합니다. 잘 달리다가 바나나 껍질을 밟거나 시야를 가리는 아이템을 먹게 되는 것이죠. 극단적으로 말하자면 이 플레이어는 달리는 도중 트랙에서 어떤 아이템 상자를 먹더라도 자신의 레이싱을 방해하는 아이템을 획득합니다. 왜냐고요? 지고 있는 플레이어에게 이길 수 있는 기회를 주기 위해서죠. 그래야 앞서서 달리고 있는 플레이어도 긴장을 유지한 채 경기에 더욱 집중할 수 있거든요.

이번에는 지고 있는 플레이어 입장에서 생각해 볼까요? 앞서 달리고 있는 A 뒤로 뒤처지고 있는 B가 있습니다. 이 둘의 간격은 최소 200미터 이상인 듯합니다. 여러분이 B라면 어떤 생각이 들까요? '에이, 이번 판은 틀렸어'라며 포기하지 않을까요? 게임은 이런 플레이어를 구원하기로 마음먹습니다. B가 어떤 아이템 상자를 먹든 그 속에는 3배 이상 속력을 높여 줄 부스터가 들어 있거나 앞서가는 A를 물에 가둘 수 있는 물폭탄을 넣어 둡니다. 혹은 A에게 자석을 붙여 빨리 따라갈 수 있는 아이템을 줄 수도 있습니다. 이처럼 이기고 있는 플레이어에게 혹은 지고 있는 플레이어에게 어떤 조작을 해야 하는지를 결정하는 단계가 바로 세 번째 제어Controller 단계입니다.

그리고 마지막 조작Game Mechanical Bias 단계에서는 제어 단계에서 결정된 결과를 플레이어에게 반영합니다. 실제로 아이템을 받는 것이죠.

  그러고 나면 게임은 다시 첫 번째 단계인 게임의 상태 단계로 돌입합니다. 일정 시간이 지난 후 플레이어의 상태를 다시 체크하는 거예요. 그리고 다시 그 상태를 수치화하는 두 번째 단계로 접어들고 승패를 조작하는 제어 단계에 돌입합니다. 이런 식으로 게임을 플레이하는 내내 주기적인 순환과 반복을 시행합니다. 그 결과 플레이어는 이기는 듯하면서도 다시 역전당하고, 뒤처지는 듯하다가도 역전할 수 있는 기회를 잡는 거죠. 그야말로 반전에 반전을 거듭하면서 플레이를 지속합니다. 결과에 대한 확신이 들지 않기 때문에 끝까지 게임에 집중할 수 있는 힘을 얻으면서 말입니다.

불확실성과 필연성의 드라마

　게임하는 내내 불확실성만 지속된다면 플레이어는 너무 당황스러울 것입니다. 시작부터 끝날 때까지 어느 정도는 승패에 대한 예측이 가능해야 플레이어는 공정한 게임을 했다고 느낄 테니까요.

　게임이 언제 어떻게 끝날지 안다는 것은 플레이어가 가장 높은 긴장감으로 모든 신경을 집중해야 하는 클라이맥스를 향해 달려가고 있음을 의미합니다. '이제 마지막 피치Pitch만 올리면 이번 판에서 이길 수 있겠구나' 하는 예측이 가능해야 한다는 것이죠. 지고 있는 경우도 마찬가지입니다. '최선을 다했지만 이번 판은 어쩔 수 없었어' 하며 감정을 정리할 시간이 주어져야 합니다. 그래야 승패를 받아들이고 게임 플레이 경험에 대한 만족감도 느낄 수 있습니다. 이런 상태를 게임에서는 필연성이라고 합니다.

예를 들어 레이싱 게임에서 마지막 트랙쯤에는 이기고 있는 플레이어에게 부스터와 같은 긍정적 피드백 아이템을 주는 경우가 많습니다. 확실한 한 방을 줘서 승리감을 느낄 수 있게 해 주는 거죠. 반대로 지고 있는 플레이어는 다음 판을 기약할 수 있을 것입니다.

불확실성과 필연성의 결합

게임 플레이 중에 생기는 불확실성과 필연성의 결합은 드라마틱한 긴장감을 만들어 냅니다. 시간이 흐르면서 불확실성은 점점 감소하고 승패가 결정되는 필연성이라는 녀석이 슬쩍 기세를 보입니다. 불확실성이 소멸되고 필연성만 남으면 게임은 끝이 나죠. 플레이어는 이러한 반비례 상관관계에서 긴장감을 느끼면서 게임에 몰입합니다.

그런데 불확실성을 강화하기 위해 플레이어의 상태를 조작하고 플레이어에게 좋은 아이템을 줘도 정작 플레이어가 아이템을 쏙쏙 지나치거나, 얻더라도 인벤토리Inventory에 모으기만 할 뿐 실제로 쓰지 않는다면 역전을 꾀하기는 어려울 것입니다. 필연성이 작동하여 누가 봐도 이길 것 같은 상태인데도 그 순간 마지막 결승점을 통과하지 않다면 승자의 기쁨을 누리지 못하는 것입니다.

　게임 시스템은 플레이어가 몰입하여 재미있는 플레이를 할 수 있도록 유도하지만, 게임에서 가장 중요한 요인은 플레이어의 의지와 게임 플레이 그 자체입니다. 플레이어에게 의지가 없다면 아무리 좋은 시스템도 소용이 없겠죠.

　이런 시스템은 이상적인 게임을 위해서는 분명히 의미 있습니다. 하지만 게임은 사람에 의해서 만들어진 예술적인 창작물이며, 시스템은 원리일 뿐이지 반드시 지켜야 하는 규칙은 아닙니다. 게임 개발자는 자신이 원하는 게임의 콘셉트를 구체화하기 위해 원리에서 벗어난 디자인을 꾀하기도 합니다. 원리는 원리일 뿐, 반드시 지켜야 하는 규칙은 아니라는 점을 기억하세요.

4

게임으로
달라지는 것들

쏜살같이 흐르는 시간

게임할 때 가장 문제가 되는 것은 바로 시간입니다. 조금 전에 막 게임을 시작한 것 같은데 눈 깜짝할 새 두세 시간이 훌쩍 지나가 버리니 말이에요. 정말이지 공부할 때와는 다른 속도로 시간이 흐르는 것 같습니다. 심지어 게임이라면 온종일도 할 수 있을 것 같습니다. 누가 시키지 않았고 강요하지도 않았는데 말입니다. 게임하는 시간은 왜 그렇게 빨리 가는 걸까요?

사람마다 다른 속도로 움직이는 시계

시간이 빠르거나 느리게 간다는 말은 사실상 체감 속도와 관련이

깊습니다. 우리는 같은 시간의 흐름을 각자 다르게 느낍니다. 개인이나 상황에 따라서 빠르게 혹은 느리게 지나간다고 느끼죠. 즉, 시간은 '느끼는 것'이라는 이야기입니다.

그렇다면 여러분의 시간은 어떨 때 빠르게 지나나요? 친구들과 운동장에서 축구를 할 때, 오랜만에 만난 친구와 밀린 수다를 떨 때, 노래방에 가서 큰 소리로 신나게 노래를 부를 때는 시간이 쏜살같이 흘러갑니다. 반면에 수업을 듣거나 다큐멘터리를 볼 때는 시간이 참 더디게 갑니다. 물론 반대로 생각하는 사람도 있을 겁니다. 수업 시간이 굉장히 빠르게 지나간다는 친구들도 있는 것처럼 말이죠. 즉, 사람들은 각자 시간의 흐름을 다르게 느낍니다. 더 흥미로운 점은 같은 수업이라도 매번 다르다는 것입니다. 어떤 날은 빠르게, 또 어떤 날은 너무나 느리게 흐릅니다. 왜 이런 차이가 생기는 걸까요?

시간이 빠르게 흐른다고 생각했던 때를 떠올려 보세요. 아마도 그때 여러분은 하고 있는 일에 재미를 느끼고 있었을 것입니다. 그 시간에 들었던 수업은 마음을 사로잡는 흥미로운 내용이었을 거예요. 정말 시간 가는 줄 모르고 푹 빠져들었을 겁니다. 그런 상태를 우리는 몰입^{Flow}이라고 합니다.

몰입은 근래 많은 분야에서 주목받고 있습니다. 몰입 상태에서 하는 일은 대부분 그 효과가 굉장히 좋기 때문입니다. 시간 대비 효율성이 뛰어나서 바쁘게 돌아가는 4차 산업혁명 시대에 꼭 필요한 개념 중 하나로 자리 잡고 있습니다. 그래서 사람들은 몰입을 만들어 내는 환경을 어떻게 설계할 수 있을지 고민하고, 몰입이 주는 효과나 기능을 증명하고자 다양한 연구를 진행하고 있어요.

싸워서 이길 수 있는 적과 만난다

몰입과 관련된 연구를 본격적으로 시작한 사람은 미하이 칙센트미하이Mihaly Csikszentmihalyi라는 학자입니다. 그는 몰입 상태를 유발하기 위해 필요한 조건으로 스킬과 도전 과제를 꼽습니다. 게임에 적용하여 설명하면, 플레이어의 스킬과 도전 대상의 수준이 어느 정

도 비슷할 때 몰입 상태가 유지됩니다.

스킬, 즉 레벨이 15인 플레이어가 있다고 생각해 봅시다. 플레이어는 13~18레벨 정도의 몬스터를 만나 전투를 벌일 때 가장 흥미롭고 즐겁습니다. 말 그대로 시간 가는 줄 모르고 게임을 플레이할 수 있을 겁니다. 하지만 25레벨의 몬스터와 싸워야 한다고 생각해 보세요. '과연 내가 물리칠 수 있을까?' '아무리 전략이 좋더라도 몬스터의 공격 한 방이면 내 체력 절반은 깎일 텐데, 이대로 싸우는 게 맞을까?' 하는 고민에 휩싸이고 두려움을 느낍니다. 그래서 게임은 플레이어가 이길 수 있는 적과 싸울 수 있도록 철저하게 계획되어 있습니다.

반대의 경우에도 플레이어가 게임을 즐기기 어려운 상황이 벌어집니다. 40레벨이 넘는 플레이어에게 낮은 레벨의 몬스터들을 사냥하는 퀘스트를 부여한다면 어떨까요? 처음에는 손쉬운 상대를 만나 기분 좋게 게임을 할지도 모릅니다. 하지만 시간이 지날수록 무관심하고 권태롭고 지루한 감정을 느끼고 말 거예요. 따라서 몰입이 이루어지는 순간은 플레이어의 스킬 레벨과 도전 과제가 어느 정도 비례한 순간이라고 할 수 있습니다.

즐거움의 여덟 가지 구성 요소

미하일 칙센트미하이는 몰입의 여덟 가지 구성 요소에 대해 구체화했습니다. 몰입의 조건은 게임뿐만 아니라 공부나 일, 우리가 살아가고 활동하는 모든 일에서도 똑같이 작용합니다.

가능성 있는 과제와 집중할 수 있는 환경

첫째, 몰입은 완성 가능성이 있는 과제에 직면했을 때 일어납니다. 이는 '스킬 레벨과 도전 과제의 상관관계'와 직접적인 연관이 있습니다. 플레이어는 도전해서 성취할 수 있을 것 같다고 느끼는 수준의 과제일 때 몰입감을 가지고 즐겁게 활동할 수 있습니다.

둘째, 하고 있는 일에 집중할 수 있어야 합니다. 만약 게임을 하고 있는데 동생이 자꾸 방해하거나 전원이 들어왔다 나갔다 한다면 신경이 쓰여서 집중하기 어려울 거예요. 아무리 하고 싶고 재미있는 게임이라도 말입니다. 집중할 수 있는 상황이 만들어지지 않으면 플레이어는 아마 게임을 그만둘 겁니다.

PC방을 한번 생각해 보세요. PC방은 대부분 어둡습니다. 빛이 들어오지 않는 지하에 위치하거나, 지상에 있는 경우에도 창문을 다 막아 놓았죠. 빛이 있으면 자꾸 그쪽으로 눈길이 가거든요. 그래서 플레이어의 시선을 모니터에만 집중시키려고 어두운 환경을 만들어 놓은 거예요. 뿐만 아니라 컴퓨터 스크린은 엄청나게 크죠. 플레이어의 시야를 모두 사로잡아야 하기 때문입니다. 또 헤드셋으로 바깥 소리는 막고 게임 사운드에만 집중하게 만들죠. 그야말로 게임에 온전히 집중할 수 있는 환경입니다. 자연스럽게 집중과 몰입이 일어납니다.

빠져나올 수 없는 쳇바퀴

셋째, 과제에 대한 명확한 목표가 있어야 합니다. 게임에서는 주로 퀘스트라는 시스템을 통해 플레이어에게 주어집니다. 물론 최근에는 자유도가 높은 게임도 많이 등장했습니다. 이런 게임에서는 구체적인 미션을 부여하기보다 플레이어가 저마다 자신이 하고 싶은 활동을 게임 세계에서 구현할 수 있도록 디자인하고 있습니다. 하지만 대부분의 게임은 플레이어가 어떤 활동을 하면서 게임 세계에서 살아가야 하는지를 구체적으로 제시하고 있어요.

〈모여봐요 동물의 숲〉을 처음 시작하면 플레이어는 쌍둥이 같은 너구리 두 마리를 만납니다. 너구리들은 '콩돌이 무인도 이주 패키지'에 온 것을 환영한다면서 무인도 이주를 위해서 이름과 생일을 넣고 캐릭터를 만들라고 조언합니다. 캐릭터 생성 과정은 꽤나 디테일해요. 성별은 물론이고 피부색, 머리 스타일, 의상 등 플레이어가 원하는 디자인을 골라 캐릭터를 만들 수 있습니다. 너구리가 시키는 대로 따라 하다 보면 게임 월드의 시간은 빠르게 흐릅니다. 캐릭터 설정 단계만으로도 20~30분은 족히 보내는 듯합니다. 멍때리면서 시간을 보내는 것이 아니라 실제로 구체적인 행동을 하면서 말이죠.

캐릭터를 다 만들었다면 어느 위치로 이주할지 정합니다. 비행기를 타고 자신이 고른 무인도에 도착하면 곧바로 오리엔테이션이 시작되어 어디로 가야 하는지, 무엇을 해야 하는지 알려 줍니다. 너구리는 텐트를 하나 주면서 원하는 곳에 지으라고 합니다. 그러면 플레이어는 지도를 펼쳐 텐트를 칠 장소를 찾아 공간을 탐색하고 장소를 정합니다. 텐트를 치고 나면 함께 오리엔테이션을 받아야 하는 이웃이 아직 오지 않았다면서 다음 오리엔테이션을 하기 전에 이웃을 도우라고 말합니다. 그러면 플레이어는 아무런 의심 없이 친구를 찾아가서 텐트 치는 것을 돕습니다. 그러고 나면 플레이어에게 이주할 수 있음을 알리고, 캠프파이어를 하려면 나무와 먹을 것을 주워야 한다고 바로 다음 미션을 줍니다. 플레이어는 이때부터 한번 들어가면 빠져나오기 어렵다는 쳇바퀴 시스템에 빠집니다. 집을 꾸미거나 이주하려면 돈이 필요해요. 그런데 돈은 플레이어에게 늘 주어지는 것이 아니거든요. 돈을 벌기 위해 해야 하는 일은 채집, 사냥 등이에요. 게임 세계에서 하나의 일을 하려면 또 다른 하나의 일을 해야 하는 거죠. 이를 쳇바퀴 시스템이라고 합니다. 이때 중요한 것은 게임이 플레이어에게 할 일을 명확하게 그리고 단계별로 제시하고 있다는 겁니다. 사냥하고, 채집하고, 공간을 탐색하고, 친구를 돕고, 집을 짓는 등 지금 당장 해야 할 일부터 앞으로 해야 하는 일까지 말이죠.

노력에 적절한 보상이 주어지다

몰입의 즐거움을 위한 네 번째 요건은 즉각적인 피드백입니다.

즉각적인 피드백이란 무엇을 말하는 것일까요? 플레이어의 노력에 대한 일종의 보상을 말합니다. 꼭 물리적인 것일 필요는 없어요. 정서적인 만족감을 줄 수 있는 것도 보상에 속합니다. 중요한 것은 자신이 한 일에 성취감과 만족감을 느낄 수 있는가입니다. 보상으로 제일 먼저 떠올릴 수 있는 것은 레벨업입니다. 게임머니나 아이템도 보상의 한 종류입니다. 호칭 시스템도 크게 보면 보상 가운데 하나라고 할 수 있어요.

보상, 즉 피드백은 왜 중요할까요? 플레이어가 어떤 미션이나 퀘스트를 열심히 수행했다고 생각해 봅시다. 그 과정에서 몇 번의 실패도 했어요. 게임에서 실패는 늘 일어나니까 그다지 대수로운 일은 아니에요. 그런데 노력에 노력을 거듭해서 퀘스트를 클리어하고 나니 곧바로 다음 퀘스트를 주는 겁니다. 플레이어는 또다시

열심히 퀘스트를 수행하고 클리어하죠. 게임은 또 다음 퀘스트를 바로 부여합니다. 플레이어는 '그래, 할 일이 아직 많이 남았지' 하며 게임을 계속합니다. 그런데 이 과정이 변함없이 계속 반복된다면 어떨까요? 왠지 모르게 서운한 마음이 들지는 않을까요? 주어진 임무를 열심히 수행했는데, 아무도 그 노력을 알아봐 주지 않는다면 짜증도 나고 보람도 느끼지 못할 것입니다. 괜히 일만 했다는 생각도 들고요.

　게임에서뿐만이 아닙니다. 우리가 무슨 일을 했을 때 칭찬이나 평가를 받고 나서야 그 일이 완전히 끝났다는 생각이 들기도 하잖아요. 설령 잘못했다고 꾸중을 듣는 상황이라고 하더라도 말입니다. 마찬가지로 게임에서도 피드백이 플레이어에게 퀘스트가 마무리되었다는 느낌을 줍니다. 특히 즉각적으로 나타날 때 더욱 좋은 효과를 냅니다. 즉각적인 피드백은 플레이어의 사기를 높이고, 게임의 즐거움을 더해 주며, 플레이어가 게임을 계속하도록 이끄는 데 큰 역할을 합니다.

의지와 믿음으로 끝없는 정상을 향해

　다섯째, 일상의 걱정이나 좌절을 의식하지 않을 때 자연스럽고 깊은 몰입이 일어납니다. 당장 먹고사는 문제로 눈앞이 캄캄하거나 병상에 누워 생명의 위협을 느끼는 상황이라면, 어떤 일에도 몰두하기 어려울 것입니다.

뿐만 아니라 즐거운 경험은 자신의 행동에 대해 스스로 통제권을 갖고 있다는 느낌을 줍니다. 이것이 바로 여섯째 요건입니다. 앞서 설명한 것처럼 몰입은 자신이 가지고 있는 스킬 레벨과 도전해야 하는 대상의 수준이 비슷할 때 일어납니다. 즉, 열심히 노력만 한다면 정복할 수 있는 대상을 만났을 때 몰입의 즐거움을 느낄 수 있는 것이죠.

일곱째, 몰입 상태에서는 자의식이 사라집니다. 게임에 몰입하는 순간 플레이어는 자신이 누구인지를 생각하지 않습니다. 게임을 하는 동안에도 자신이 몇 살인지, 어디에 살고 있는지, 가족은 누가 있는지와 같은 생각은 눈곱만큼도 하지 않습니다. 뿐만 아니라 자신의 사회적 위치나 경제적인 상황도 잊어버리죠. 흔히 에베레스트산과 같은 험한 곳을 오르는 산악인에게 산을 타는 동안 무슨 생각을 하냐고 물어보면 아무 생각도 하지 않는다는 대답을 듣는 경우가 많습니다. 무념무상으로 한발 한발 정상을 향해 걸음을 옮긴다고 말입니다. 걷는 것, 산을 올라간다는 것 자체에 모든 감각과 에너지가 집중되기 때문입니다. 게임을 할 때도 플레이하는 일에 모든 감각과 에너지가 집중되어 자의식이 사라집니다.

흥미로운 지점은 몰입 경험이 끝난 다음입니다. 몰입을 겪고 나면 자아 소속감이 더욱 강화됩니다. 예를 들어, 산악인이 산 정상에 깃발을 꽂고 하산하면 몰입의 즐거움은 끝이 납니다. 하지만 현실에서 더욱 강력해진 자신의 모습을 만나게 되죠. 계획했던 어려운 일을 성공적으로 해냈기 때문에 어떤 일이라도 잘할 수 있을 거라는 의지와 믿음이 생긴 것입니다. 어떤 한 분야에서 성공한 사람이 다른 분야에서도 빛을 발하는 일 또한 같은 맥락입니다. 그래서 어떤 일이든 한 번쯤 정신없이 몰입해서 해내는 경험은 중요합니다. 무슨 일이든 할 수 있고, 아무리 힘들고 어려운 일이라도 헤쳐 나갈 수 있을 것만 같은 자신감을 얻을 수 있거든요.

게임도 마찬가지예요. 플레이어들은 엄청난 몰입 상태로 자신의 존재조차 잊은 채 게임을 합니다. 산더미같이 쌓인 현실의 일은 모두 뒷전으로 두고 시간이 어떻게 가는 줄도 모른 채 게임 속에서 해야 할 일에 집중합니다. 그것도 너무나 즐거운 마음으로 말입니다. 문제는 이 몰입감이 너무 커서 좀처럼 게임에서 헤어나기가 어렵다는 데 있습니다. 게임은 플레이어가 계속해서 몰입을 유지할 수 있도록 설계되어 있습니다. 앞에서 살펴본 쳇바퀴 시스템 같은 것이 대표적이죠. 끊임없이 미션을 부여하고 해야 할 일을 제시하는 것입니다.

게다가 게임에는 정상이 존재하지 않습니다. 그래서 내려와야

할 때가 언제인지 알 수 없습니다. 물론 엔딩이 있는 비디오 게임은 언젠가는 끝이 납니다. 아무리 멀티 엔딩이 있는 게임도 그 엔딩을 다 보고 나면 플레이를 지속하기 쉽지 않죠. 하지만 대다수의 PC 게임이나 모바일 게임에는 정상이 없어요. '만렙'이 정상이라고요? 무슨 그런 섭섭한 말씀을. 만렙에 도달하면 그때부터가 진정한 시작이라는 것을 알고 있잖아요. 그래서 게임은 보이지 않는 정상을 향해 끊임없이 올라가는 임무만이 존재합니다. 내려오는 길 자체가 없는 거예요.

그렇기 때문에 플레이어는 스스로 내려오는 길을 찾아야만 합니다. 엔터테인먼트 콘텐츠로 게임을 즐기는 일은 얼마든지 할 수 있습니다. 하지만 현실에서 해야 할 일을 잊은 채 주객이 전도되어

게임에서의 몰입만 즐기는 것은 위험합니다. 어떤 관점에서 보면 셧다운제 등 게임 과몰입 방지를 위한 여러 예방 대책은 플레이어의 하산을 돕는 도구인지도 모릅니다. 게임에서 스스로 하산하기가 쉽지 않으니까요. 게임을 통한 몰입의 즐거움을 의도적으로 끊어 내는 것 또한 여러분의 또 다른 임무라는 사실을 기억해야 합니다.

만약 게임 개발자나 프로게이머 등 전문적으로 게임과 관련된 직업을 꿈꾼다면 게임을 더욱 건강하게 즐겨야 합니다. 즐거운 경험을 위한 게임 플레이뿐 아니라 게임을 분석하고 시스템을 연구하는 일 역시 관심을 갖고 몰입할 수 있어야 합니다.

몰입의 마지막 요건은 시간 개념의 왜곡입니다. 이 부분은 앞에서 충분히 다루었습니다. 만약 얼마나 시간이 흘렀는지 모른 채 이 책에 푹 빠져 있다면 여러분은 아마도 몰입의 즐거움을 느끼고 있는 중일 겁니다. 반면에 책장을 넘길 때마다 시간을 확인하면서 언제 다 읽을지 걱정하고 있다면 몰입하지 못하고 있는 것이겠지요. 여러분은 지금 어떤가요?

내 속에 내가 너무도 많아

여러분은 게임을 시작할 때 어떤 모습을 상상하면서 캐릭터를 만드나요? 저는 종종 현실의 내 모습과 반대되는 캐릭터를 만들곤 합니다. 때로는 인간이 아닌 캐릭터를 고르기도 하고, 작고 귀여운 요정을 선택하기도 하죠. 아마도 게임 속에서나마 현실에서는 이루기 힘든 모습이 되고 싶기 때문일 것입니다. 때로는 승리를 위해서 특정 캐릭터의 직업군을 고르기도 합니다. 다른 플레이어들이 좋다고 말하는 스킬을 보유한 캐릭터 혹은 승률이 비교적 좋은 캐릭터 유형을 먼저 고른 다음 외형적인 디자인을 고민합니다.

이때 가장 흥미로운 것은 캐릭터를 만들고 나서 본격적으로 게임 세계에 진입하고 나면 마치 현실과는 완전히 다른 사람인 양 행동한다는 거예요. 현실에서는 바퀴벌레 하나 못 잡는 성격이지만 게임에서는 무시무시하고 징그럽게 생긴 몬스터들을 한 방에 때려잡는 용감무쌍한 행동을 합니다. 심지어 다른 사람들과 이야기할 때는 말투나 분위기도 캐릭터에 걸맞게 설정하고 대화하는 경우도 있습니다. 혹시 저는 다중인격일까요?

플레이어의 세 가지 정체성

데니스 와스컬Dennis Waskul이라는 학자는 우리가 게임을 할 때 세 가지 정체성을 가지고 임한다고 주장합니다. 바로 퍼슨Person, 페르소나Persona, 플레이어Player입니다. 이를 '3P 이론'이라고 부릅니다.

첫 번째 정체성인 퍼슨은 게임 밖에서 현실의 삶을 살아가는 우리의 정체성을 말합니다. 게임 밖에 있는 실제 우리는 현실을 지배하는 질서에 순응하면서 살아가는 존재입니다. 등교 시간에 맞춰서 학교에 가고, 규칙적으로 식사를 챙겨 먹습니다. 수업 시간에는 조용히 앉아 선생님 말씀에 귀를 기울입니다. PC방에서도 정해진 시간이 끝나면 아무리 게임을 더 하고 싶더라도 자리를 털고 일어납니다.

반면에 두 번째 정체성인 페르소나는 게임 세계에서 살아가는 존재입니다. 일단 외모나 성격도 퍼슨과는 사뭇 다릅니다. 물론 최근에 등장한 몇몇 메타버스Metaverse에서는 사진을 통해 현실의 내 모습을 닮은 가상의 캐릭터를 만드는 경우도 있습니다. 그렇지만 게임 세계에 살아가는 페르소나는 검사, 마법사 등 현실에서는 하기 힘든 역할을 수행하면서 게임 세계를 지배하는 규칙을 존중합니다. 그리고 대부분 캐릭터라는 상징적인 기호를 통해 정체성을 표현합니다.

서로 다른 이 두 정체성을 연결해 주는 또 다른 정체성이 바로 플레이어입니다. 플레이어는 게임 속 페르소나를 플레이하는 게이머의 자아입니다. 플레이어는 페르소나를 직접적으로 조정하는 역할과 책임이 있습니다. 그렇기 때문에 플레이어는 페르소나가 살아가는 게임 세계를 지배하는 규칙과 세계관을 정확하게 이해하고, 특별한 상황에서 어떻게 행동해야 하는지를 잘 알아야 할 의무가 있습니다. 무엇보다 페르소나가 가지고 있는 능력과 스킬이 무엇인지 잘 파악해야 합니다. 만약 이런 이해가 부족하면 게임에서 쉽게 죽임을 당하거나 플레이 자체에 문제가 생기는 경우도 생기기 때문입니다.

무엇보다 중요한 것은 플레이어가 퍼슨과 페르소나의 영역을 구분할 줄 알아야 한다는 것입니다. 만약 플레이어가 퍼슨의 지식을 페르소나에게 적용한다면 어떨까요? '사람을 죽여서는 안 돼. 눈이 마주치면 미소로 답해야지'라고 했다가는 적에게 먼저 죽임을 당하고 말 것입니다.

게임이 아니라 플레이어가 문제다

〈GTA^{Grand Theft Auto}〉라는 게임이 있습니다. 이 게임은 미국에서조차도 청소년에게 나쁜 영향을 준다며 금지 논란이 일기도 했습니다. 좀비 장르의 다른 게임보다 잔인한 장면이 덜 나옴에도 불구하고 비난받았던 까닭은 이 게임에서 플레이어가 경찰이나 시민을 죽일 수 있었기 때문입니다. 특히 공항에서는 민간인을 무차별로 학살하는 미션도 있었어요. 그렇기 때문에 더욱 충격적이고 논란의 대상이 될 수밖에 없었죠. 만약 플레이어가 이 게임 세계를 지배하는 규칙을 제대로 이해하지 못한 채 플레이를 해야 한다면 공항 미션을 클리어할 수 있을까요? 규칙을 알고 있더라도 퍼슨의 질서, 즉 현실 세계를 지배하는 규칙과 질서를 그대로 게임 세계에 적용하려고 한다면 플레이어는 성공적인 플레이를 진행할 수 없을 것입니다.

〈GTA〉와 같은 극단적인 게임이 아니더라도 비슷한 사례는 얼마든지 있습니다. 레이싱 게임을 떠올려 보세요. 현실의 교통법규를 레이싱 게임에 적용한다면 트랙에서 함께 출발한 모든 차들이 내 차를 앞질러 가더라도 물폭탄을 던지거나 부비트랩을 바닥에 설치해서는 안 됩니다. 지나친 과속이나 심각한 드래프트 역시 해서는 안 되는 일입니다. 문제는 이런 식으로 게임을 진행하다 보면 플레이어는 승리를 만끽하기 어렵다는 것입니다. "로마에 가면 로마법을 따르라" "악법도 법이다"라는 말처럼 게임에서는 게임의 규칙을 따를 때 플레이어는 게임을 제대로 즐길 수 있을 것입니다. 그렇기에 플레이어가 퍼슨의 지식을 페르소나에게 적용해서는 안 되는 거죠.

반대로 페르소나의 지식을 퍼슨에게 적용해서도 안 됩니다. 플레이어가 페르소나의 지식을 퍼슨에게 적용하는 순간 더 큰 문제가 벌어집니다. 사회적 문제를 일으킬 수 있죠. 현실에서는 상대가 나를 아무리 협박한다고 하더라도 그를 향해서 총을 겨눠서는 안 됩니다. 차선을 위반해서도 안 되고 은행을 털어서도 안 됩니다. 하지만 페르소나의 지식을 그대로 퍼슨에게 적용한다면 그야말로 사회는 무질서해지고 온갖 범죄가 들끓게 될 것입니다.

2007년 버지니아 공대에 다니던 한 대학생이 반자동 권총 두 자루를 가지고 학생들이 수업을 받고 있는 교실에 들어가 총탄을 난사했던 사건이 있었습니다. 이 사고로 30명이 넘는 사람들이 죽고 20명이 넘는 사람들이 다쳤습니다. 2012년 미국 샌디훅 초등학교에서도 어린이와 교직원을 포함해 28명이 사망한 총기 사건이 있었어요. 이런 일이 일어날 때면 언론에서는 게임이 문제라고 합니다. 사실 관계를 정확히 밝히지도 않은 채로 말입니다. 실제로 이 두 사건을 일으킨 범인들 역시 게임 때문이라는 것이 증명되지 않았습니다. 오히려 심각한 우울증, 경제적 불평등과 피해망상, 가정 불화 같은 것이 원인이라고 밝혀졌죠. 그럼에도 불구하고 사람들은 게임이 평범한 사람을 폭력적인 성향으로 바꿔 버린다고 주장하면서 게임이 사회 폭력을 미화시킨다는 발언도 종종 합니다. 여러분도 그렇게 생각하나요?

3P 이론을 공부하고 나면 게임이 문제가 아니라 플레이어가 문제라는 사실에 주목하게 됩니다. 만약 게임이 문제라면 똑같은 게임을 하는 모든 사람이 폭력적인 성향을 보여야 하지 않을까요?

적어도 50퍼센트 이상에게서는 동일한 변화를 발견할 수 있어야 하지 않을까요? 하지만 실제로는 그렇지 않습니다. 그래서 우리는 게임 자체보다는 플레이어가 문제적이라는 사실에 관심을 두어야 합니다. 플레이어는 페르소나와 퍼슨을 구분할 줄 알고 페르소나의 지식을 퍼슨에게 적용하지 않아야 합니다. 그러려면 게임 세계에서 허용되는 규칙과 시스템을 현실 세계와 명백하게 구분할 줄 아는 능력을 키워야 합니다. 단순하게 게임을 즐기는 것을 넘어 게임의 본질을 이해하고 비판적인 시각으로 판단할 수 있는 능력을 키워 많은 사람들이 게임을 제대로 즐길 수 있기를 바랍니다.

나는 어떤 플레이어일까?

플레이어들은 현실에서 이루지 못한 혹은 이룰 수 없는 욕망을 게임 속에서 이루는 경험을 하면서 만족감을 얻습니다. 규정 속도보다 빠르게 달릴 수도 있고, 절벽 아래로 뛰어내릴 수도 있습니다. 하늘을 나는 경험뿐만 아니라 던전에서 무시무시한 몬스터를 상대하는 용맹한 전사가 되어 평화로운 세상을 만드는 영웅이 되기도 합니다. 숨겨 왔던 욕망을 실현함으로써 심리적인 만족을 경험하는 것이죠. 그렇다면 플레이어는 모두 같은 양식을 보일까요?

영국의 인공지능 전문가 리처드 바틀^{Richard Bartle}은 자신이 직접 개발한 게임을 플레이하는 이들의 행동 양식을 분석해서 네 가지 유형으로 나눴습니다. 사람들이 왜 게임을 하려고 하는지, 게임을 통해서 얻고자 하는 것은 무엇인지를 밝히려는 연구였죠.

플레이어의 네 가지 유형

리처드 바틀이 찾아낸 플레이어의 유형은 성취형, 모험형, 사교형, 킬러형입니다. 그는 이 유형을 쉽게 구분하기 위해 트럼프 카드의 네 가지 모양과 비교하여 설명했습니다.

첫 번째, 다이아몬드로 표시되는 성취형 플레이어는 항상 보석을 찾습니다. 이들은 측정 가능한 것을 통해 자신의 플레이를 보여 주고 목표를 이루는 것을 동기로 삼는다고 합니다. 최고의 계급, 최고의 무기나 장비 아이템, 강력한 스킬과 스탯Stats 등을 중요하게 생각하죠. 예를 들어, 게임에서 통용되는 재화나 아이템을 가장 많이 보유하려고 애쓰는 플레이어, 장사를 통해서 돈을 축적하는 플레이어, 랭킹을 올리는 데 주력하는 플레이어가 바로 이 유형입니다. 다른 어떤 것보다 목표를 이루는 것을 가장 중요하게 생각하기 때문에 효율성을 중시합니다. 만약 레벨업이 목표라고 한다면, 게임을 잘하는 다른 누군가에게 자신의 캐릭터를 맡겨서 레벨업을 해 달라고 부탁하는 등 목표를 위해서는 어떤 일이든 하는 이들이 성취형에 속한다고 할 수 있습니다.

두 번째, 모험형은 가장 불확실하고 모호한 플레이 스타일을 가진 유형입니다. 게임 속 지역을 두루두루 탐사하는 사람을 예로 들 수 있습니다. 레벨업이 목표인 성취형 플레이어라면 자신이 지금

어느 지역에서 전투를 벌이고 있는지가 그리 중요하지 않을 것입니다. 퀘스트를 빠르게 완료하여 보상을 받으면 다음 퀘스트가 있는 지역으로 바로 옮겨 가죠. 하지만 모험형 플레이어는 세상이 궁금합니다. 퀘스트와 상관없는 지역도 어떻게 생겼는지, 자연환경은 어떤지, 어떤 몬스터가 거주하는지, NPC는 어떤 대화 주제를 가지고 있는지 궁금해합니다. 그렇기 때문에 이들은 남들이 가 보지 않은 지역을 탐험하는 낯선 여행을 즐깁니다.

뿐만 아니라 게임 전반적인 지식에 두루 통달하고 있습니다. 어떻게 보면 게임 테크닉에 대한 지식이 뛰어난 학구파라고도 할 수 있을 거예요. 레벨별 사냥터에 대한 정보나 보스 공략법, 퀘스트 빨리 깨기 같은 특별한 방법을 늘 시도해 봅니다. 드롭률이 낮은 레어 아이템의 실제 드롭률을 알기 위해 이미 클리어한 퀘스트나 미션도 서슴지 않고 반복 플레이하는 정성을 들입니다. 가끔 게임 커뮤니티에서 계산할 수 없을 것만 같은 드롭률을 산출해 내거나 확률형 아이템의 확률을 실험해 정보를 공유하는 플레이어를 만난다면 그들이 바로 모험형이라고 할 수 있습니다. 모험형은 눈에 보이는 결과를 즉각적으로 얻으려는 성취형과는 반대로 직관적인 보상을 기대하고 플레이하는 것은 아닙니다. 자신의 모험심을 충족시키기 위한 행동을 주로 하는 유형입니다.

세 번째, 하트로 표현되는 사교형 플레이어는 게임에서 퀘스트를 받거나 몬스터를 물리치는 일에 그다지 관심이 없습니다. 그 누구보다 빨리 게임의 엔딩을 보고 싶어 하지도 않습니다. 게임 세계보다는 다른 플레이어들과의 관계를 더 중요하게 생각하죠. 성취형이나 모험형이 혼자 하는 일을 더 중요하게 생각한다면 사교형은 타인과의 관계나 상호작용을 더 중요하게 생각합니다. 칼이나 활을 모두 내려놓고 다른 플레이어와 두런두런 이야기를 나눈

다거나 하루의 일상을 공유하는 특성이 있죠. 만약 게임을 켠 후에 먼저 친구 목록을 확인하고 안부를 전하고, 게임을 끌 때는 친구에게 언제 다시 로그인할 거냐고 묻는다면 아마도 사교형 플레이어일 것입니다.

네 번째, 킬러형 플레이어는 말 그대로 킬러처럼 게임을 플레이합니다. 이들이 게임을 선택할 때 가장 중요한 기준은 바로 게임이 PK ^{Player Killing}, 그러니까 다른 플레이어를 죽이는 행위를 지원하는가 아니면 막아 버리는가에 있습니다. 그들은 PVP ^{Person VS Person} 콘텐츠에 주목하고 도적, 암살자, 자객 등의 단어로 표현할 수 있는 클래스를 선호합니다. 때문에 이런 유형의 플레이어가 게임을 제대로 즐기기 위해서는 게임에 엄격한 규칙이 있어야 합니다. 기본적으로 레벨 차이가 큰 플레이어와는 전투를 벌이지 못하도록 해야 합니다. 자칫하면 킬러형 플레이어들만 재미있어하는 게임으로 전락해 버릴 수 있기 때문입니다. 뿐만 아니라 레벨이 비슷하더라도 PVP에 대한 동의 절차가 시스템으로 갖춰져야 합니다. 미지의 세계를 향해 모험을 즐기는 플레이어를 등 뒤에서 공격하는 일이 일어나면 절대로 안 되니까요.

하나의 유형으로 나를 정의할 수 없다면

여러분은 네 가지 유형 중 어디에 속하나요? 하나의 유형으로 자신의 플레이 양식을 설명할 수 있나요? 곰곰이 생각해 보면 아마도 두 개 이상의 플레이 양식으로 게임을 하고 있을지 모릅니다. 성취형이면서 때로는 사교형이거나 성취형이면서 모험형일 수도 있을 겁니다. 물론 성취형이면서 모험형인 동시에 사교형과 킬러형인 사람도 있을 것입니다.

그렇다면 이런 생각이 들진 않나요? 시간이 지남에 따라 이 네 가지 유형이 순차적으로 혹은 복합적으로 나타나고 있다는 생각 말입니다. 제일 처음 캐릭터를 생성해서 게임 플레이를 시작하면 대부분의 플레이어는 성취형으로 게임을 진행할 수밖에 없지 않을까요? 레벨이 1인 플레이어가 할 수 있는 것은 거의 없을 테니까요. 일단 레벨을 올리는 데 집중하겠죠. 그래야 조금 더 강력한 무기를 얻고 멋들어진 갑옷도 입을 수 있잖아요. 또 아무리 다른 지역으로 모험을 떠나려 해도 레벨이 뒷받침되지 않는다면 갈 수 있는 지역에는 한계가 있기 마련입니다. 그러니 게임 초반에 플레이어가 할 수 있는 일은 빠른 성장을 꾀하는 일뿐이죠.

그러다가 어느 정도 게임에 익숙해지면 다른 플레이어를 사귀게 됩니다. 매번 같은 시간대에 접속하는 낯익은 플레이어를 만나고,

플레이어마다 레벨업하는 과정이 비슷하다 보니 자주 마주치는 플레이어가 생깁니다. 뿐만 아니라 게임은 노골적으로 파티 플레이를 요구하기도 합니다. 정해진 퀘스트를 수행하기 위해서 어쩔 수 없이 주변에 있는 다른 플레이어에게 말을 걸어야 하죠. 그렇게 한두 번의 만남이 이어지면 나도 모르게 정이 드는 거예요. 처음에는 함께 싸워 줘서 고맙다는 인사만 나누지만 만나는 횟수가 잦아지면 서로의 안부를 묻기도 하고 함께 로그인할 시간을 정하기도 하죠. 길드나 혈맹 등 특정 커뮤니티에 가입하기도 합니다. 자연스럽게 사교형 플레이를 지향하게 되는 것 같기도 합니다.

이제 레벨업도 어느 정도 했고 친구들도 사귈 만큼 사귀었습니다. 게임을 지배하는 규칙과 시스템에 대해서도 좀 아는 것 같아요. 그랬더니 뜻하지 않은 호기심이 발동합니다. 초창기 추억이 떠오르기도 하면서 레벨이 낮은 지역을 일부러 찾아갑니다. 이제 막 게임에 입문한 플레이어들이 던전 입구에서 쩔쩔매고 있는 게 보입니다. '심심한데 도움이나 줄까?' 하는 마음에 말을 걸고 파티 플레이를 시작합니다. 또 여러 클래스가 협력해서 전략을 짜고 공격해야 하는 네임드 몬스터와의 전투에 힐러인 플레이어끼리 모여 전투를 벌이면 어떻게 될지 궁금한 나머지 새로운 모험도 해 봅니다. 모험형 플레이어의 면모를 갖추게 되는 것이죠.

게임을 시작한 지 몇 달이 지났을 때는 레벨업도 할 만큼 했고 퀘스트도 슬슬 지겨워지려고 합니다. 뭔가 새로운 것이 없을까 찾던 중 새로운 세계가 열렸습니다. 바로 PVP입니다. 플레이어와의 전투는 색다른 재미가 있죠. 킬러형 플레이어로 살아가는 것은 매혹적입니다.

제가 경험했던 게임 플레이 과정은 그랬습니다. 여러분도 자신의 경험을 바탕으로 각자 어떤 유형인지, 플레이 양식은 어떤 식으로 드러나는지 한번 생각해 보세요. 리처드 바틀의 네 가지 유형 이외에도 다른 유형이 더 만들어질 수 있습니다. 다른 유형은 어떤 것이 있을지도 한번 고민해 보세요. 이런 생각이 모여 게임 문화가 발전해 나가는 것이니까요.

5

천만 번 다시 사는
나만의 인생

적을 물리칠 때까지 죽고 환생하고

가까운 미래를 배경으로 한 영화 〈엣지 오브 투모로우〉를 혹시 보았나요? 이 영화에서 인류는 유럽을 침공한 외계 종족인 미믹에 맞서 수많은 전투를 반복하지만 그들을 이길 수 있는 방법을 찾지 못해 멸망 위기에 처해 있습니다. 이때 주인공 빌 케이지가 작전에 투입됩니다.

문제는 그가 전투 훈련을 받지 못한 정훈장교라는 점입니다. 정훈장교는 전투를 위한 훈련보다는 군인들을 교육하고 군대를 홍보하는 일을 하는 군인을 말합니다. 그는 사실 대학 졸업 후 광고 회사를 운영하다가 어려움을 겪고 입대하게 되죠. 자신의 특기인 홍보 업무를 군대에서 이어가고 있는 것입니다. 때문에 전쟁에 나가는 것은 자살이나 다름없습니다. 반항해 보지만 결국 무기의 안

전장치를 푸는 법도 모른 채 무방비 상태로 전투에 투입됩니다. 군대의 전략을 꿰뚫고 있는 것처럼 미믹들은 전쟁터에 진을 치고 있었고, 병사들은 전멸 직전입니다. 그 와중에 거대하고 시퍼런 미믹이 빌을 덮칩니다. 그는 본능적으로 기지를 발휘해 폭탄을 터트리지만 너무 가까운 거리에서 터지는 바람에 미믹과 함께 죽고 맙니다. 외계 생명체의 체액을 모두 뒤집어쓴 채로 말이죠. 영화가 시작한 지 고작 20여 분이 지났을 때입니다.

이 몸이 죽고 죽어 골백번 고쳐 죽어

우리는 흔히 주인공은 쉽게 죽지 않는 존재라고 생각합니다. 사건을 이끌어 가는 중심인물이 죽어 버리면 사실상 이야기가 끝나 버리니까요. 그런데 시작하자마자 죽음을 맞이하다니 충격입니다. 하지만 관객을 안심시키듯이 주인공이 다시 화면에 등장합니다. 다음 장면에서 빌은 비명을 지르면서 눈을 뜹니다. 강제로 전쟁터에 투입되기 직전이에요. 꿈을 꿨나 싶은 순간 그는 모든 일이 처음과 똑같이 일어나고 있다는 사실을 알아차립니다. 그를 둘러싼 모든 사람들이 똑같은 행동을 하고 말을 합니다. 빌은 똑같이 전쟁터에 보내지고, 이 상황이 어리둥절한 그는 또다시 죽음을 맞이하고 맙니다. 그리고 다시 눈을 뜨죠. 반복해서 같은 상황을 맞닥뜨리는 주인공은 조금이라도 더 오래 살아남기 위해 노력해 보지만 또다시 운명적인 죽음을 맞이합니다. 이 죽음과 환생이 반복되는 횟수가 많아질수록 주인공은 전투 상황에 익숙해져 적의 전투 방식을 파악하게 됩니다. 그 결과 생명을 연장하는 시간도 조금씩 길어지고 적의 중심부인 오메가로 점점 더 다가갑니다.

이렇게 시간을 반복하는 영화나 드라마는 꽤 많습니다. 타임 슬립을 기반으로 하는 루프물이라는 특성으로 규정되기도 합니다. 과거의 시간으로 돌아가되 특정 시간대가 무한하게 반복된다는 특성을 가지고 있습니다. 대표적인 작품으로는 〈사랑의 블랙홀〉이라는 영화가 있습니다. 매일 반복되는 하루 속에서 주인공이 자신의 문제를 인식하고 성장하죠. 애니메이션 〈시간을 달리는 소녀〉나 영화 〈어바웃 타임〉도 여기에 속합니다. 이런 타임 슬립 혹은 루프물 콘텐츠는 일정한 시간을 기준으로 해서 과거를 반복하는 양상을 띠고 있습니다. 일정한 시간이 되면 다시 과거의 그 시간으로 돌아가는 거예요. 아무리 잠을 자지 않으려고 해도, 시간을 멈춰 보려고 해도 이를 막을 수는 없습니다.

그런데 〈엣지 오브 투모로우〉의 루프는 주인공의 '죽음'과 깊이 관련되어 있습니다. 죽어야만 다시 인생을 시작할 수 있죠. 사실 죽은 사람이 환생하는 것은 현실에서는 일어날 수 없는 일입니다. 그런데 우리에게 이런 설정은 굉장히 익숙합니다. 게임에서는 늘 죽었다 살아나기를 반복하며 수천만 번의 환생을 경험하기 때문입니다.

새로운 기회를 주는 쓸모 있는 죽음

게임에서 죽었다 살아난다는 건 무엇을 의미할까요? 현실에서는 실제로 환생을 경험할 수 없기 때문에 다시 태어나는 상황을 생각해 볼 기회가 별로 없습니다. 하지만 한 번쯤 텔레비전이나 인터넷을 통해 죽을 위기에서 살아난 사람의 이야기를 접해 본 적은 있을 것입니다. 죽음의 문턱까지 다녀온 사람들의 공통점은 무엇일까요? 새로운 마음가짐으로 제대로 인생을 살아 보겠다고 결심한다는 것입니다. 그들에게 죽음의 위기는 새롭게 살아갈 용기를 준 기회이자 선물이었겠죠. 죽음은 살아갈 의지가 없던 사람에게조차 살아갈 의지를 부여하는 마법 같은 힘이 있는 것 같아요.

게임에서도 마찬가지입니다. 게임에서의 죽음은 플레이의 끝을 의미하지 않습니다. 오히려 새롭게 다시 시작할 수 있는 기회로 작용합니다. 게임은 플레이어에게 규칙을 자세히 알려 주지 않습니다. 목표만 알려 주죠. 세부적인 규칙은 플레이어가 실패와 도전을 거듭하면서, 즉 죽음과 환생을 반복하면서 주체적으로 알아내야 합니다.

공주가 갇혀 있는 마왕의 소굴로

〈슈퍼 마리오 브라더스〉는 파란 멜빵바지에 빨간 모자를 쓰고 콧수염이 매력적인 마리오가 시종일관 버섯 왕국을 탐험하면서 악당 쿠파로부터 피치 공주를 구해 내는 게임입니다. 횡스크롤 게임이고 조작도 아주 단순해서 대중의 사랑을 한 몸에 받았죠. 게임의 첫 장면에서는 등껍질이 뾰족뾰족한 거북이 종족의 대마왕 쿠파가 피치 공주를 납치해 도망갑니다. 플레이어는 마리오가 되어 최종 보스이자 메인 빌런인 쿠파를 쫓아 피치 공주를 구해 내야 하는 절체절명의 목표를 가지고 게임을 시작합니다.

첫 번째 스테이지에서 플레이어는 쿠파의 졸개들을 만납니다. 굼바라고 불리는 버섯족, 등껍질을 밟으면 폭발하는 거북이, 날카로운 이빨로 플레이어를 위협하는 뻐끔플라워 등 다양한 적들이 등장합니다. 문제는 이 적들의 방해가 어떻게 일어나는지 플레이어가 미리 알 수 없다는 거예요. 적이 등장하는 장소는 어디인지, 그들은 각각 어떤 무기를 가지고 있는지, 물리칠 수 있는 방법은 무엇인지 알 도리가 없습니다. 게다가 피치 공주가 갇혀 있는 성으로 가는 길이 얼마나 험난한지도 알 수가 없어요.

플레이어가 이런 구체적인 방법을 아는 유일한 방법은 직접 경험해 보는 것뿐입니다. 죽었다 살아나기를 반복하면서 말이죠. 적이 나타나기 전에 미리 확보해야 하는 생명은 몇 개인지, 어느 경로를 타고 움직여야 빠르게 목표에 도달할 수 있는지 알아내는 방법은 죽음과 환생뿐입니다. 플레이어에게 죽음은 미션 실패를 의미하는 동시에 게임 세계를 지배하고 있는 규칙을 하나 더 알게 되는 계기이기도 합니다. 뿐만 아니라 새로운 도전의 기회를 부여받은 것이기도 합니다. 플레이어는 실패와 도전을 반복하면서 게임 세계를 탐색하고 그 세계를 지배하고 있는 메커니즘을 하나씩 발견하게 되는 것이죠. 그러다 보면 플레이어는 자연스럽게 게임에서 요구하는 목표를 이룰 수 있습니다.

그렇기 때문에 사실상 게임에서의 죽음은 게임의 숨겨진 논리를 찾아내고 다시금 게임을 구조화하여 의미 있는 서사를 만들기 위한 쓸모 있는 행위입니다. 미션을 실패했다거나 생명이 줄어든다는 단순한 체계 그 이상의 가치를 갖는다고 볼 수 있습니다.

실패를 통해 철학적인 가치를 얻다

새로운 도전이라는 의미 이외에도 실패와 죽음이 철학적인 가치로 자리매김하는 게임도 있습니다. 이런 게임은 일부러 플레이어가 실패하도록 유도하는데요. 이들은 왜 플레이어의 승리가 아닌 실패로 설계되어 있을까요?

절대로 플레이어가 이길 수 없는 게임

2001년 9월 11일 전 세계가 경악을 금치 못했던 사건이 있었습니다. 오전 9시경 뉴욕 상공을 날아가던 비행기 한 대가 도심에 우뚝 서 있는 세계무역센터 빌딩에 부딪쳤습니다. 그리고 잠시 뒤 또 다른 비행기 한 대가 날아와 바로 옆에 있는 다른 세계무역센터 빌딩에 충돌합니다. 세계무역센터 빌딩은 110층짜리 쌍둥이 빌딩으로 유명했어요. 이 각각의 빌딩에 다른 비행기가 와서 충돌한 거예요. 빌딩은 화재에 휩싸이면서 무너지기 시작합니다. 3천 명에 달하는 사람들이 사망하고 6천 명 이상의 부상자가 발생했죠. 이 사건은 이슬람 테러 단체가 민간 항공기를 납치해서 벌인 테러입니다. 미국연방수사국FBI의 조사에 따르면 범인들은 국제 테러리스트인 오사마 빈 라덴과 그의 추종 조직인 알카에다라고 해요. 이 사건을 계기로 미국은 '테러와의 전쟁'을 선포하고 이들 단체를 소탕하기 위해 아프가니스탄을 공격합니다. '눈에는 눈, 이에는 이'라는 정책을 펼친 것이죠.

〈뉴욕 디펜더〉는 이 사건을 모티프로 만든 게임입니다. 게임을 시작하면 뉴욕의 쌍둥이 빌딩을 격추하고자 하는 전투기들이 등장합니다. 전투기가 날아와 빌딩과 충돌해요. 플레이어는 충돌을 막기 위해 전투기를 격추시킵니다. 쌍둥이 빌딩은 이제 안전한 듯 보입니다. 하지만 이내 또 다른 전투기가 날아와 빌딩을 무너뜨리려고 합니다. 플레이어는 다시 그 전투기를 격추시킵니다. 문제는 지금부터입니다. 전투기를 격추시키면 시킬수록 전투기의 숫자가 늘어납니다. 플레이어가 감당하지 못할 정도로 숫자가 늘어나서 쌍둥이 빌딩은 결국 무너져 버립니다. 그리고 게임은 끝나죠. 여러

번 다시 플레이해도 결과는 마찬가지예요. 절대로 플레이어가 이길 수 없는 게임으로 디자인된 까닭이죠.

또 다른 게임도 있습니다. 〈September 12th : a Toy world〉라는 게임의 배경은 그리 높지 않은 빌딩들이 서 있는 어느 도시입니다. 게임을 시작하면 건물 사이로 사람들이 돌아다닙니다. 그런데 자세히 보면 그 사이에 테러범들이 숨어 있어요. 플레이어는 조심스럽게 그들을 향해 총구를 겨눕니다. 테러범이 과녁에 들어오면 바로 버튼을 눌러 소탕합니다. 하지만 테러범을 향해 쏜 총에 주변에 있던 무고한 시민도 함께 죽는 것을 목격하죠. 시민이 없는 곳을 골라 다시 총구를 겨누지만 건물이 파괴되는 현장을 마주합니다. 결국 플레이어가 총을 쏘면 쏠수록 시민도 죽고 마을도 폐허가 되어 가죠.

과연 이 게임에서 테러범을 소탕하는 일이 가능할까요? 테러범은 계속 나타나기 때문에 플레이어는 총을 쏴서는 테러범을 이길 수 없다는 사실을 깨닫게 됩니다. 게임을 플레이하면서 무력에 무력으로 대항하는 것이 과연 적절한 것인지에 대해서 다시 한번 생각하게 되죠. 게임을 하면서 플레이어들은 무력을 무력화하기 위해 총을 쏜다면 그것 또한 무력한 행위라는 메시지를 얻습니다. 테러를 막기 위한 유일한 방법은 '미사일을 쏘지 않는 것뿐이다'라는 반전 평화의 메시지를 얻게 되는 것이죠.

메시지를 전달하는 실패의 수사학

게임 디자이너이자 평론가, 이론가인 이언 보고스트Ian Bogost는 이런 게임 디자인을 '실패의 수사학The Rhetoric of Failure'이라고 부릅니다. 실패의 수사학이란 플레이어가 결코 성공할 수 없는 게임을 통해 개발자가 전하고 싶은 메시지를 전달하려는 목적을 가진 게임의 원리를 말합니다.

플레이어가 게임을 클리어할 수 없는 까닭은 능력이나 스킬의 부족에 있는 것이 아니라 개발자의 의도 때문입니다. 그래서 아무리 게임의 규칙과 시스템을 잘 이해하고 있고 축적된 경험이 풍부해 게임 플레이에 능숙하더라도 플레이어는 패배할 수밖에 없습니다. 게임 속에서는 플레이어가 절대로 이길 수 없는 상황이 만들어지니까요. 하지만 단순히 미션 실패로 끝나는 것은 아닙니다. 플레이어는 게임의 실패를 통해 어떤 깨달음을 얻습니다. 그리고 그 깨달음은 플레이어가 게임 밖에서 철학자로 다시 태어날 기회를 주기도 합니다.

실패의 수사학을 추구하는 게임들은 개발자가 세상을 향해 이야기하고 싶어 하는 메시지를 플레이어에게 다시 한번 생각해 보도록 하는 데 목적이 있습니다. 플레이어의 도전을 무력화시키고 궁극적으로는 플레이어로 하여금 게임을 중단하고 몰입 상태에서 벗어나 개발자의 메시지를 고민하게 만드는 것입니다.

아버지를 죽이고
성배를 찾아 영웅이 되다

　게임 광고를 보면 흥미로운 점이 하나 있습니다. 바로 플레이어를 "아들아" 하고 부른다는 거예요. 세상을 구원할 유일한 사람이라고 치켜세우면서 어서 게임 세계로 들어와 용맹하게 악의 무리와 싸워 이기라고 하죠. 마치 세상의 평화를 지킬 유일한 사람인 것처럼 말을 겁니다. 게임에서는 도대체 왜 플레이어를 아들이라고 부르는 걸까요?

　우리는 이 해답을 '부친 살해 모티프'에서 찾을 수 있습니다. 아버지를 죽인다니 너무 끔찍한가요? 하지만 그 이면에 숨은 의미를 차근히 생각해 보면 세상의 이치와 맞닿아 있다는 것을 금세 알 수 있습니다.

어제의 태양은 지고 새로운 해가 떠오른다

부친 살해 모티프는 새로운 질서와 세상의 출현을 의미합니다. 여기서 아버지는 생물학적인 부모라기보다는 이전 세대를 통칭하는 말이에요. 세상의 중심이 되어 체계를 만들고 이끌어 가는 세대 말입니다. 그들은 나름대로의 질서와 법체계를 만들었죠. 그리고 함께 살아가는 모든 이들이 그들의 질서를 따르기를 원합니다. 그래야 갈등이 생기지 않고 아버지의 세계가 유지될 수 있거든요.

그런데 아들은 왠지 모르게 반항심이 있어요. 아버지의 생각이나 규율이 의미 있다고 느끼는 것도 분명 존재하지만, 또 한편으로는 바뀌어야 한다고 생각하는 것도 있기 마련이거든요. 그러다 보니 아버지와 자꾸 부딪힙니다. 이 갈등 상황이 극심해지면 아들은

아버지의 세계를 부정하며 자신만의 세계를 만들고 싶어 합니다.

하나의 세상에 아버지의 세계와 아들의 세계가 모두 공존할 수는 없어요. 살아남는 자만이 세상을 가질 수 있습니다. 그래서 아들은 세상을 자신의 것으로 만들기 위해 싸움을 걸고 아버지를 죽일 수밖에 없는 것입니다. 싸움에서 승리한 아들은 새로운 질서의 승계자가 됩니다. 그리고 그들이 살해한 존재인 아버지의 시신을 가지고 새로운 우주를 구축하죠. 이를 신체화생身體化生의 우주발생론Cosmogony이라고 말하기도 한답니다.

아버지의 시신으로 구축한 새로운 우주

우리는 자신의 세상을 만들기 위해 아버지를 살해하는 모티프를 그리스·로마 신화에서 찾을 수 있습니다. 하나의 커다란 덩어리였던 카오스에서 땅의 여신인 가이아가 태어나고, 가이아는 하늘을 의미하는 우라노스Ouranos와 결혼하여 100개의 손과 50개의 머리를 가진 삼형제, 외눈박이 거인 키클롭스Cyclops 삼형제, 거대하고 힘센 티탄Titan, 막내 크로노스Cronos를 낳습니다. 우라노스는 괴물들이 보기 싫어서 티탄과 크로노스를 제외하고 모두 심연에 가두어 버립니다. 그러자 막내 크로노스는 낫을 들고 우라노스를 처치합니다. 그러고는 세상의 주인이 되죠. 왕이 된 크로노스는 자식들을 낳습니다. 그런데 그가 아버지를 몰아내고 왕좌를 차지한 것처럼 자식들이 자신을 위협할 수 있다는 생각을 하죠. 그래서 자식을 낳는 족족 집어삼킵니다. 그런데 유일하게 살아남은 막내 제우스가 아버지 크로노스를 처단하고 권력을 잡아 신들의 신이 됩니다. 그야말로 반복되는 부친 살해 모티프의 전형을 살펴볼 수 있어요.

뿐만 아니라 게르만 신화, 바빌론 신화, 인도 신화에 이르기까지 천지가 창조하고 갑자기 솟아난 최초의 존재, 즉 아버지는 후에 태어난 자손, 즉 아들에 의해서 살해당합니다. 특히 아버지의 시신은 우주를 만드는 질료가 되어 아들의 세상을 건설하는 데 쓰입니다. 『안인희의 북유럽 신화』에 나온 게르만 신화의 한 부분을 예로 들어 볼까요?

오딘과 형제들은 죽은 이미르의 몸을 기눙가가프에 채워 넣고 그것으로 이 세계를 만들었다. 피가 다 빠져나간 몸은 굳어서 단단한 땅이 되었다. 신들이 이 땅을 바다 가운데 고정시켰다. 그래서 바다가 땅을 빙 둘러싸게 되었다. 이미르의 뼈는 산과 낭떠러지가 되고, 작은 뼈와 이빨들은 돌덩이가 되고, 머리카락과 털은 나무와 풀이 되었다. 마지막으로 두개골만 남았는데, 신들이 이것을 땅 위에 덮어씌워 하늘을 만들었다. 신들이 두개골 속의 뇌수를 공중에 흩뿌리자 하늘을 떠가는 구름이 되었다.

여기서 중요한 것은 아버지를 살해한 후 아버지의 시신으로 아들의 세상을 만든다는 점이에요. 정신분석학자인 지그문트 프로이트 Sigmund Freud 는 인류 문명의 시작은 부친 살해에서 시작된다고 말했습니다. 오이디푸스 신화도 결국 아들이 아버지를 죽이고 왕위를 차지하는 이야기잖아요. 아버지를 살해하는 것은 그 자체로 과거 혹은 지난 세계와의 단절을 의미합니다. 동시에 새로운 세계를 시작하겠다는 선언이기도 하고요.

세상의 주인이 되다

디지털 게임에서 부친 살해 모티프가 가장 중요하게 작동하는 이유는 바로 게임이 플레이어의 세계이기 때문입니다. 플레이어가 게임에 본격적으로 들어가기 전에 마주하는 세계관과 배경 스토리가 아버지로 표상되는 세계라면, 아들인 플레이어는 이전 세계를 무너뜨리고 자신의 세계를 건설하는 데 힘을 쏟아야 하는 존재입니다.

아들이라고 불리는 플레이어의 세계

〈월드 오브 워크래프트〉의 두 번째 확장팩 '리치 왕의 분노' 편에서 플레이어는 스컬지 군대를 이끌고 다시 세상에 나타난 리치 왕을 물리쳐야 하는 임무를 부여받습니다. 리치 왕은 원래 아서스라는 마음 착한 소년이었어요. 그런데 역병을 만나면서 정의로운 마음의 소년이 분노와 복수라는 악마의 힘에 사로잡힙니다. 그러면서 모든 문제를 무력으로 해결하려는 태도를 보입니다. 아서스는 점점 타락하게 되고, 아버지인 로데론의 왕 테러너스 국왕을 죽이고 진정한 악인으로 다시 태어납니다. 그리고 악인 중 악인이라고 할 수 있는 1대 리치 왕의 힘을 모두 이어받아 2대 리치 왕으로 거듭난 아서스는 완전한 리치 왕이 되기 위해 얼음왕관을 쓰고 동면에 빠집니다. 그런데 오랜 시간 잠들었던 그가 진짜 리치 왕이 되어 잠에서 깨어납니다. 아서스가 지배하는 세상은 어둡고 부정적인 세계입니다. 악이 만연한 세상이죠.

아들이라 불리는 플레이어는 여기까지의 스토리를 익힌 후 리치 왕이 지배하고 있는 세상을 무너뜨릴 준비를 합니다. 퀘스트를 수행하고 레벨업을 하면서 리치 왕에게 대적할 수 있는 힘을 키워 전투를 승리로 이끌죠. 흥미로운 것은 플레이어가 리치 왕을 죽이고 나면 등장하는 엔딩의 컷신입니다. 컷신은 마치 영화처럼 이미 연출된 장면이 스토리텔링되는 영상을 말합니다. 바닥에 쓰러진 리치 왕 곁으로 아버지 테러너스 국왕의 혼령이 다가옵니다.

리치 왕(아서스) : 아버지, 끝난 겁니까?

테러너스 국왕 : 그렇단다, 아들아. 영원한 왕은 없는 법이지.

리치 왕(아서스) : 저 앞에 그저 어둠만이 보이는군요.

리치 왕은 혼령이 되어 등장한 아버지의 품에서 숨을 거둡니다. 영화처럼 흥미롭고 재미있는 이야기입니다. 그런데 약간 떨어져서 이야기를 다시 보면, 결국 플레이어는 리치 왕을 죽임으로써 암흑 세계를 물리치고 영웅이 된 '나'의 세계를 새롭게 시작할 수 있는 기회를 갖게 됩니다. 리치 왕은 아버지, 플레이어는 아들로 대변되는 관계인 것입니다.

아버지로 표상되는 세계는 아버지를 살해한 아들의 세계를 통해 비로소 존재의 가치를 획득합니다. 살해당한 아버지는 영원한 빈자리로 남고, 아들은 결여된 빈자리를 채우려고 끊임없이 노력합니다. 그렇기 때문에 살해당한 아버지는 새로운 세계를 구축하는 필수적인 조건이 되고, 아들은 아버지를 살해하고서야 비로소 자신의 세상을 만들 기회를 얻을 수 있는 것입니다. 극단적으로 말하면, 부친 살해 없이는 새로운 세대의 등장도 심리적인 독립도 없는 셈입니다. 게임 세계는 그 누구도 아닌 플레이어의 세상이라는 점을 떠올린다면 게임이 왜 끊임없이 아버지의 세상을 정복하는 구조를 향하고 있는지 깨달을 수 있을 것입니다.

나를 위해 희생한
아버지를 위하여

다수의 게임에서 종종 부친 살해 모티프의 변형을 마주할 수 있습니다. 아버지를 대신하여 때로 형이나 선배, 스승의 모습으로 등장하기도 합니다. 이때, 플레이어가 아버지를 살해하는 것이 아니라 아버지가 '나' 때문에 살해당하는 구조는 매우 흥미롭습니다. 아버지의 희생으로 플레이어가 어쩔 수 없이 세계의 주인이 될 수밖에 없는 구조입니다.

희생하는 사람들의 메시지

희생 모티프를 살펴볼 수 있는 대표적인 사례로 국내 최초 무협 판타지 MMORPG를 표방하는 〈블레이드 & 소울^{Blad & Soul}〉의 스토리를 들 수 있습니다. 이 게임에서 플레이어인 '나'는 홍문파의 막내 역할로, 게임을 시작하자마자 사형의 목소리를 듣습니다. "막내야, 일어나!" 하고 부르는 소리예요. 해가 중천에 떴다며 얼른 도복을 갈아입고 훈련 준비를 하라고 합니다. 플레이어는 곧이곧대로 도복을 입고 밖으로 나와 검을 휘두르는 법을 배웁니다. 장작도 옮기고 나는 법도 배우고 나면 이번에는 조금 더 먼 장소로 이동해서 몬스터를 물리치는 일을 해 보라는 권유를 받습니다. 플레이어는 당연히 응합니다. 던전까지는 아니지만 제법 깊고 음침한 동굴 속을 탐험하면서 적을 물리치는 경험도 합니다. 당연히 몇 번의 실패도 겪을 거예요. 실패와 도전을 거듭하면서 결국 적을 물리치고 기쁜 마음으로 홍문파의 본거지인 무일봉으로 돌아옵니다. 그런데 웬일인지 입구부터 난장판입니다. 깜짝 놀라 계단을 뛰어 올라가면 그때부터 화면은 컷신으로 넘어가 플레이어가 컨트롤할 수 없는 연출된 영상이 재생됩니다.

계단을 올라가는 길에는 홍문파 형제들이 쓰러져 있는 모습이 보입니다. 플레이어 역시 검은 갑옷 차림에 매운 눈매를 가진 진서연이라는 인물의 칼을 맞고 쓰러집니다. 스승님은 진서연 무리를 제압하지만 그녀는 플레이어를 볼모로 잡고 홍문신공의 비급인 귀천검을 내놓으라며 협박합니다. 스승님은 마지막 남은 제자

인 플레이어를 살리기 위해 귀천검을 내주고 무참히 살해당하며 플레이어에게 꼭 살라고 말합니다. 플레이어는 간신히 생명은 구하지만 절벽 밑으로 떨어지죠. 그 순간에 홍문파의 막내로 보냈던 즐거운 추억을 떠올립니다.

구사일생으로 살아난 플레이어는 보잘것없는 자신 때문에 홍문파의 수장인 스승님과 사형들이 죽었다는 사실에 괴로워합니다. 하지만 이내 정신을 차립니다. 꼭 살아남으라는 스승님의 마지막 한 마디가 뇌리를 스쳤기 때문이에요.

〈블레이드 & 소울〉의 아버지였던 스승님은 플레이어에게 살해당하는 것이 아니라 플레이어를 위해 스스로 희생하는 역할입니다. 부친 살해 모티프의 변형이죠. 하지만 '이제 너의 세상이 열렸으니 너의 세상을 만들어라' 하는 가르침은 같습니다. 플레이어는 아버지의 세상에서 빠져나와 아들의 세상을 만들어 가야 하는 의무를 집니다.

전투는 필수, 질투는 나의 힘

승리의 다짐은 플레이어에게 매우 중요한 키워드입니다. 롤 게임의 세계적인 1인자 페이커도 늘 새로운 경기에 임할 때면 승리를 다짐한다고 합니다. 게임을 잘하건 못하건 모든 플레이어가 이기겠다는 생각으로, 이길 수 있다는 생각으로 게임을 합니다.

게임 시작 전 플레이어는 배경 지식을 익히고 맵을 살펴보고 전략을 짭니다. 자신에게 주어진 과제가 무엇인지 미리 파악하고 어떤 경로로 공간을 탐색할지 확인하면서 혼자 이뤄 낼 수 있는 일인지 아니면 도와줄 누군가가 필요한 것인지 충분히 고민합니다. 손상된 무기와 갑옷을 재정비하고 마나와 체력을 회복하기 위한 충분한 시간을 갖기도 합니다. 이 모든 행위는 게임에서 이기기 위한 준비 단계에 해당합니다. 질 것 같다고 생각하면서 게임을 시작하는 플레이어도, 지기 위해 게임하는 플레이어도 없습니다. 하지만 결과는 냉혹합니다. 이기겠다고 마음먹었다고 해서 늘 승리를 꿰차는 것은 아닙니다. 플레이어는 종종 지는 게임을 할 수밖에 없습니다. 언제나 나보다 강한 상대가 존재하기 때문입니다.

우리가 게임을 하는 이유

생각해 보면 플레이어가 진짜 원하는 것은 '늘 이기는 게임'만은 아닌 것 같습니다. 플레이어는 사실 이길지 질지 모르는 게임 상태를 가장 즐기고 선호한다는 말입니다. 로제 카이와^{Roger Caillois}라는 프랑스 사회학자는 플레이어가 갖는 이 묘한 감정이 게임의 특징이라고 했습니다. 그는 요한 하위징아의 학문적 계보를 이으며 1900년대 중반에 놀이에 대한 연구를 활발히 진행했습니다. 그리고 『놀이와 인간』(로제 카이와 지음, 문예출판사)을 통해서 놀이의 여섯 가지 특성을 소개했죠. 그는 누가 이기고 질지 모른다는 불확실성이 게임의 특징 중 하나라고 했습니다. 여러분의 게임 경험을 한번 돌이켜 보세요. 매번 이기기만 하는 게임이 흥미로울까요? 이제 막 게임에 입문한 플레이어와의 전투가 재미있을까요?

늘 이기기만 하는 게임은 플레이어에게 도전 의식과 긴장감을

주지 못합니다. 어차피 이길 게 뻔하다는 생각에 지루함을 느낍니다. 반대로 늘 실패하는 게임이라면 패배에 대한 두려움을 느껴서 게임을 하고 싶은 마음이 사라질 것입니다. 질 것 같았는데 이겨버리는 반전이 있어야 재미있잖아요. 마지막까지 긴장의 끈을 놓지 못하는 게임이 가장 흥미진진합니다.

카이와는 바로 그 측면을 캐치한 거예요. 승패를 예측할 수는 없지만 '내가 잘하기만 하면' '전략을 잘 세우기만 한다면' '좋은 팀을 만난다면' 이길 수 있을 것 같다는 마음이 들 때 정말로 재미있는 플레이를 할 수 있습니다. 그래서 우리는 말 그대로 이길지 질지 모르는 상태이기 때문에 게임에 도전하고, 도전하는 과정에서 몰입을 느끼고, 도전에 대한 성취를 이루었을 때 진정한 만족감을 느끼는 것이 아닐까요?

게임의 쓸모 있음에 대하여

우리는 지금까지 게임 세상은 현실 세계와는 분리되어 존재하고, 그렇기 때문에 현실 세계에서 할 수 없는 일을 게임 속에서 대신 하면서 즐거움을 느낀다고 이야기해 왔습니다. 이런 게임의 가치는 매직서클이라는 개념으로 정립되기도 했죠. 그런데 최근에는 이 매직서클의 경계가 점점 무너지고 있는 현상을 목격할 수 있습니다. 게임이 현실로 나오고, 현실이 게임 속으로 들어가는 새로운 상황이 펼쳐지고 있는 것입니다.

2016년 여름에 등장한 〈포켓몬 GO〉라는 게임이 대표적입니다. 이 책을 읽고 있는 여러분 중에도 한 번쯤 해 본 친구가 있을 거예요. AR^{Augmented Reality}이라고 불리는 증강현실 기술을 이용한 게임으로, 현실 세계에 나타나는 포켓몬스터를 잡고, 진화시키고, 배틀을 통해 체육관을 점령하고 탈환합니다. 원작이라고 할 수 있는 애니메이션 〈포켓몬스터〉 시리즈가 워낙 유명하기도 하지만, 기존 게임과는 사뭇 다른 새로운 콘셉트의 등장으로 전 세계인이 열광했습니다.

핸드폰에 있는 카메라로 거리 곳곳을 비추면 귀여운 포켓몬스터 캐릭터가 등장합니다. 그러면 포켓몬 트레이너가 된 플레이어는 몬스터볼을 던져 포켓몬스터를 포획합니다. 사람들은 자신이 거주하는 지역 곳곳에 숨어 있는 포켓몬스터를 찾기 위해 핸드폰을 들고 길거리로 나왔습니다. 포켓몬스터가 있는 곳이라면 어디든 찾아갈 기세였죠. 포켓몬스터가 다수 출현하는 장소에서는 여러 명이 핸드폰을 들여다보며 몬스터볼을 던지는 모습이 연출되기도 했죠.

이 게임은 집에서 컴퓨터 게임을 즐기던 많은 플레이어들을 거리로 나오게 했다는 측면에서 게임에 대한 비판적 생각을 변화시키는 데 일조했습니다. 게임이 폐인을 양산한다는 편견 대신 게임을 통해서 자연스럽게 운동함으로써 건강에 도움이 된다는 호평을 받기도 했습니다. 실제로 사람들은 희귀한 포켓몬스터를 찾기 위해서 먼 곳까지 가는 수고도 아끼지 않았어요. 마치 실제로 모험을 떠나듯 여행을 떠나기도 하고, 특정 지역으로 가는 고속버스 티

켓이 매진되는 일이 벌어지기도 했습니다.

이처럼 게임은 이제 현실의 일부분으로 자리하기 시작했습니다. 카메라가 현실 세계를 비추면 게임은 그 배경을 그대로 반영하여 게임 캐릭터를 실시간으로 합성합니다. AR은 완전히 새로운 기술은 아닙니다. 꽤 오래전부터 뉴스 일기예보에서 주로 쓰였던 기술이에요. 기상캐스터는 녹색 크로마키 앞에서 일기예보를 진행합니다. 카메라로 기상캐스터를 촬영하면 실시간으로 컴퓨터 그래픽을 합성해서 송출하고, 시청자들은 공기의 흐름이 표시된 그래픽과 기상캐스터를 한꺼번에 보게 되는 것이죠. 오늘날 많은 사람들이 사용하는 '스노우SNOW' 같은 카메라 앱이나 '줌Zoom'에서도 활용하고 있는 기능이죠. 내 얼굴을 재미있게 꾸미기도 하고, 가상 배경으로 지저분한 방을 깔끔하게 보여 주는 것 역시 증강현실 기술을 이용한 것입니다. 덕분에 포켓몬 캐릭터가 내 방 책상 위에도 나타나고 교실에도 등장합니다. 뿐만 아니라 실제 배틀이 벌어지는 체육관은 현실에 존재하는 다양한 공간을 배경으로 삼았습니다. 그야말로 현실과 게임의 경계가 허물어졌다고 할 수 있습니다.

이러한 현상이 게임에만 나타나는 것은 아닙니다. SM엔터테인먼트의 걸그룹 에스파aespa는 실제 멤버와 일대일로 매칭되는 가상의 캐릭터를 만들고 그들을 현실 세계로 불러옵니다. 함께 노래도 부르고, 춤도 추고, 인터뷰도 하는 등 다양한 활동을 전개할 계획으로 현실과 가상의 경계를 자유롭게 넘나들며 세계관을 확장시키고 있습니다. 가상 세계에서만 활동했던 사이버 가수와는 너무나도 다른, 진일보한 개념이라고 할 수 있습니다.

뿐만 아니라 현실을 게임 속에, 혹은 더 확장된 가상 세계 속에 집어넣기도 합니다. 사실 이와 같은 일은 〈레디 플레이어 원〉 같은 SF 영화에서 이미 익숙합니다. 지금의 게임 세계에서는 쏘고 맞히고 모으는 등의 유희적인 활동을 주로 지향하고 있습니다. 하지만 앞으로 우리 앞에 펼쳐질 게임 세계에서는 영화처럼 전투나 경주뿐만 아니라 실제로 현실 세계에서 진행되어 왔던 경제 활동, 교육, 정치, 사회 활동까지도 일어날 것으로 예상합니다. 이런 세계를 게임 세계에서 확장한 메타버스라고 부릅니다.

사실 우리는 이미 삶의 조각들을 메타버스에 저장해 놓고 있습니다. 인스타그램, 틱톡, 페이스북, 트위터 같은 SNS^{Social Network Service}에 매일 어떤 일이 있었는지, 기분은 어떤지 기록합니다. 브이로그를 찍고, 유튜브 같은 동영상 채널을 활용하기도 합니다. 뿐만 아니라 걸음걸이도 저장하고 수면 습관도 기록해서 건강 상태를 체크합니다. 지금도 손목에 디지털 워치를 차고 맥박, 혈압, 혈관 상태 등을 수시로 체크해서 디지털로 저장하고 있습니다. 이처럼 현실에서 일어난 일을 디지털 데이터로 변환해서 사이버 세상에 저장해 놓는 것을 라이프로깅Life-logging이라고 합니다. 라이프로깅은 메타버스의 한 유형이라고 할 수 있죠.

코로나19 이후 우리는 현실의 굉장히 많은 부분을 메타버스 속으로 빠르게 이주시키고 있습니다. 지금은 줌 같은 실시간 화상회의 서비스를 통해 온라인 교육을 진행하고 있지만, 머지않아 자신을 닮은 캐릭터를 만들어서 3D로 이루어진 메타버스 세상에서 학교 수업을 받을 수도 있을 것입니다. 게임처럼 가상 세계에 접속해서 수학 문제를 풀고 영어 회화 수업을 하는 거죠. 실시간 체감형 기술이 더 발전한다면, 영화에서처럼 메타버스에서 실제 과학 실험도 하고 친구들과 농구도 할 수 있을 거예요. 함께 자동차 경주를 하고 던전을 도는 일도 당연하고요. 게임이 만들어 가는 앞으로의 세상이 정말 궁금해지는 요즘입니다.

이러한 세상의 주인공이 바로 여러분이라는 사실을 기억했으면 좋겠습니다. 새로운 세계에 적응해서 잘 살아가야 하는 주체도, 새로운 세계를 만들어야 하는 주체도 여러분입니다. 문제는 앞으로 다가올 미래를 아직 그 누구도 경험하지 못했다는 사실입니다. 때문에 기존의 지식과 사고 체계만으로는 이 세계의 주인공이 될 수 없어요. 다가올 세상은 새로운 가치관으로 멀리 내다보아야 합니다. 그렇기 때문에 도전하고 실험하는 창의적인 자세가 필요합니다. 열린 마음과 주인 의식도 필요합니다. 그러기 위해서 미래 세계의 기반이 되는 게임 세계를 지금까지와는 다른 통찰로 바라볼 수 있으면 좋겠습니다. 그리고 이 책이 게임을 단순한 유희적 활동이 아니라 미래의 삶이 펼쳐질 세계로 바라보는 작은 한 걸음이 될 수 있다면 참 좋겠습니다. 여러분이 만들어 가는 미래 세계에 저도 꼭 놀러 가겠습니다. 저를 만나면 환영해 주세요.

가스통 바슐라르, 『공간의 시학』 곽광수 옮김, 동문선, 2003.

더글라스 러쉬코프, 『카오스의 아이들』 김성기·김수정 옮김, 민음사, 1997.

라프 코스터, 『라프 코스터의 재미이론』 안소현 옮김, 디지털미디어리서치, 2005.

레브 마노비치, 『뉴미디어의 언어』 서정신 옮김, 생각의나무, 2004.

로제 카이와, 『놀이와 인간 : 가면과 현기증』 이상률 옮김, 문예출판사, 2018.

마거릿 버트하임, 『공간의 역사』 박인찬 옮김, 생각의나무, 2002.

미하이 칙센트미하이, 『몰입 FLOW : 미치도록 행복한 나를 만난다』, 최인수 옮김, 한울림, 2004.

박근서, 『게임하기』 커뮤니케이션북스, 2009.

서성은, 『트랜스미디어 스토리텔링』 커뮤니케이션북스, 2018.

송태현, 『상상력의 위대한 모험가들 : 융, 바슐라르, 뒤랑-상징과 신화의 계보학』 살림출판사, 2005.

스티븐 켄트, 『게임의 시대 : 재미를 좇는 천재들의 숨은 비즈니스 찾기』 이무연 옮김, 파스칼북스, 2002.

아즈마 히로키, 『게임적 리얼리즘의 탄생 : 오타쿠, 게임, 라이트노벨』 장이지 옮김, 현실문화연구(현문서가), 2012.

안인희, 『안인희의 북유럽신화1 : 신들의 보물과 반지의 저주』 웅진지식하우스, 2007.

앤드류 롤링스·어인스트 아담스, 『앤드류 롤링스와 어인스트 아담스의 게임기획개론』 송기범 옮김, 제우미디어, 2004.

요한 하위징아, 『호모 루덴스 : 놀이하는 인간』 이종인 옮김, 연암서가, 2018.

이동은, 『게임, 신화를 품다』 홍릉과학출판사, 2017.

이인화, 『스토리텔링 진화론』 해냄, 2014.

자넷 머레이, 『인터랙티브 스토리텔링 : 사이버 서사의 미래』, 한용환·변지연 옮김, 안그라픽스,
　　　2001.

전민희, 『전나무와 매』, 제우미디어, 2011.

정재서·전수용·송기정, 『신화적 상상력과 문화』, 이화여자대학교출판부, 2008.

제인 맥고니걸, 『누구나 게임을 한다 : 그동안 우리가 몰랐던 게임에 대한 심층적인 고찰』, 김고
　　　명 옮김, 알에이치코리아(RHK), 2012.

조지프 캠벨, 『신화의 세계』, 과학세대 옮김, 까치글방, 1998.

조지프 캠벨, 『천의 얼굴을 가진 영웅』, 이윤기 옮김, 민음사, 1999.

켄달 L. 월튼, 『미메시스 : 믿는 체하기로서의 예술』, 양민정 옮김, 북코리아(Bookorea), 2019.

크리스토퍼 보글러, 『신화, 영웅 그리고 시나리오 쓰기』, 함춘성 옮김, 무우수, 2005.

크리스티 골든, 『월드 오브 워크래프트, 아서스 : 리치왕의 탄생』, 구세희 옮김, 제우미디어,
　　　2010.

한혜원, 『디지털 게임 스토리텔링 : 게임 은하계의 뉴 패러다임』, 살림출판사, 2005.

허버트 마셜 매클루언, 『미디어의 이해 : 인간의 확장』, 박정규 옮김, 커뮤니케이션북스, 2011.

Richard Rouse, 『게임디자인 이론과 실제』, 최현호 옮김, 정보문화사, 2001.

Ian Bogost, 『Persuasive Games: The Expressive Power of Videogames』, The MIT Press, 2010.

Marc LeBlanc, 「Tools for creating Dramatic Game Dynamics」, Katie Salen & Eric Zimmerman,
　　　『The Game Design Reader: A Rules of Play Anthology』, Cambridge, Mass. : The MIT
　　　Press, 2006.

Richard Bartle, 「Hearts, Clubs, Diamonds, Spades : Plays Who Suit MUDS」, Journal of Virtual
　　　Environments.

나는 게임한다 고로 존재한다

ⓒ 이동은, 2021

초판 1쇄 발행일 2021년 7월 2일
초판 6쇄 발행일 2023년 9월 27일

지은이   이동은
펴낸이   정은영

펴낸곳   (주)자음과모음
출판등록 2001년 11월 28일 제2001-000259호
주소   10881 경기도 파주시 회동길 325-20
전화   편집부 (02)324-2347, 경영지원부 (02)325-6047
팩스   편집부 (02)324-2348, 경영지원부 (02)2648-1311
이메일   jamoteen@jamobook.com

ISBN 978-89-544-4726-3 (44080)
     978-89-544-3135-4 (set)